매머드 매쓰

매머드 매쓰

그림으로 만나는 재미있는 수학책

데이비드 맥컬레이 지음 | 이한음 옮김

크래들

데이비드 맥컬레이 지음

영국에서 태어난 맥컬레이는 미국 로드아일랜드 디자인 학교에서
건축학을 전공한 후 로마 폼페이 등지에서 공부했다.
인테리어 디자이너, 고등학교 교사로 일했으며,
일러스트레이터로 국제적인 명성을 쌓았다.
『도구와 기계의 원리』, 『팝업으로 만나는 도구와 기계의 원리』,
『놀라운 인체의 원리』, 『미스터리 신전의 미스터리』,
『데이비드 맥컬레이의 건축 이야기』 등 정교한 묘사,
유머와 풍자가 넘치는 책을 다수 냈으며,
칼데콧 상, 독일 청소년 문학상, 보스턴 글로브 혼 북 상 등
미국과 유럽 각국의 도서상도 수차례 수상했다.

이한음 옮김

서울대학교에서 생물학을 공부했고 과학 전문 번역을 하고 있다.
쓴 책으로는 『세상에서 코끼리가 사라진다면?』,
『출동! 동물 어벤저스!』 등이 있고
옮긴 책으로는 『매머드 사이언스』, 『동물 박물관』,
『우리 몸 100』, 『음식 100』 등이 있다.

매머드 매쓰

2023년 2월 20일 초판 1쇄
데이비드 맥컬레이 지음 | 이한음 옮김
편집 김양희, 김윤희 | 디자인 디자인디
펴낸이 이은엽 | 펴낸곳 크래들
주소 제주특별자치도 제주시 신대로 14길 24, 802호
출판등록 2015년 12월 24일 | 등록번호 제2015-000031호
전화 064-747-4988 | 팩스 064-747-4987 | 이메일 iobook@naver.com
값 26,000원 | ISBN 979-11-88413-14-0 73410

Mammoth Math: Everything You Need to Know About Numbers
Artwork Copyright © 2022 David Macaulay
Text and Design Copyright © 2022 Dorling Kindersley Limited
A Penguin Random House Company
This Korean language editions is published by arrangement with
Dorling Kindersley.

본 저작물의 한국어 판권은 Dorling Kindersley 와의 독점 계약으로
도서출판 크래들에 있습니다. 한국 내에서 저작권법에 따라 보호를 받는 책이므로
무단 전재 및 무단 복제를 금합니다.

Printed and bound in China
For the curious
www.dk.com

This book was made with Forest
Stewardship Council™ certified
paper – one small step in DK's
commitment to a sustainable future.
For more information go to
www.dk.com/our-green-pledge

목차

몇 개인지 세어요!
하나, 둘…… 그 다음은? 8
묶어 세기 10
숫자 기호 12
자릿값 14
0 16
음수 18
무한대 20

수의 이모저모
수 정렬 24
어림셈 26
반올림 28
덧셈 30
뺄셈 32
숫자쌍 34
곱셈 36
나눗셈 38
인수 40
등식 42
분수 44
분수의 종류 46
소수 48
백분율 50
비 52
확대와 축소 54

재미있는 패턴과 놀라운 수열
수열 58
소수 60
제곱수 62
세제곱수 64
피보나치수열 66
마법의 도형 68
파스칼 삼각형 70
암호 72

지도, 책략, 이동
각 76
각의 종류 78
대칭 80
변환 82
지도 84
지도 축척 86
나침반 사용하기 88
놀라운 미로 90

놀라운 도형들
선 94
평면 도형 96
삼각형 98
매머드 키 재기 100
삼각형 검사 102
사각형 104
원 106
입체 도형 108
입체 도형 만들기 110
다면체 112
불가능한 모양들 114

얼마나 많을까? 얼마나 클까? 얼마나 길까?
길이 118
면적 120
부피 122
속도 124
무게와 질량 126
시간을 재요 128
온도 130

데이터 발견하기
데이터 수집 134
데이터 처리 136
벤 다이어그램 138
평균 140
확률 142

참고자료 144
용어 설명 154
찾아보기 158
정답 160

몇 개인지 세어요!

하나, 둘…… 그 다음은?

몇 시인지 알리는 일부터 축구 점수를 기록하는 일까지, 사람이 하는 모든 일에는 수를 세는 능력이 꼭 필요해요. 문자나 숫자 체계(12-13쪽 참조)를 발명하기 전에는 머릿속으로 세어야 했어요. 물론 주변에 있는 물건들도 좀 이용했겠지요. 매머드와 코끼리땃쥐가 좋아하는 과일을 어떻게 세는지 볼까요? 신체 부위를 써서 세려고 해요. 좀 쉽지 않나 봐요.

10씩 세기
우리 수 체계는 10씩 묶어서 세는 방식이에요. 손가락으로 쉽게 셀 수 있어서 그랬을 거예요.

손가락과 발가락 이용하기
물건을 10개까지 셀 때 손가락(매머드는 발가락)을 쓰면 아주 편리해요. 이 땃쥐는 발가락을 짚으면서 사과를 세고 있어요. 모두 8개예요.

사과가 너무 많아
이렇게 많은 사과를 신체 부위를 이용해서 셀 수 있을까요? 힘들겠지요?

신체 부위에 숫자를
몸 여기저기에 원하는 만큼 숫자를 붙여서 세면 되지 않나요? 맞아요. 기억할 수만 있다면요.

매머드의 몸으로 숫자를 셀 수 있어요

숫자를 가리키는 단어나 기호가 없다면, 신체 부위를 써서 셀 수도 있어요. 손가락으로 신체 부위를 하나하나 짚으면서 세면 돼요. 손가락을 하나둘 구부리거나 펴면서 셀 수도 있고요.

10을 넘으면?
물건이 10개를 넘으면 신체 부위가 더 많이 필요해요. 이렇게 많은 사과를 세려니 점점 헷갈려요. 묶어서 세면(10-11쪽 참조) 더 낫지 않을까요?

발가락 8개, 사과 8개
딱 맞죠. 사과 한 알마다 발가락을 하나씩 짚으면서 세요.

하나하나 세지 않으면서 세기
때로는 하나하나 세지 않고도 몇 개나 있는지 알 수 있어요. 물건이 많지 않을 때는 그냥 보기만 해도 몇 개인지 알지요. 누구나 갖고 있는 이 놀라운 능력을 직산(subitizing)이라고 해요. 대개 5까지는 누구나 이렇게 쉽게 셀 수 있어요. 더 큰 수는 더 작은 묶음을 먼저 살펴본 뒤에 더해 가며 세기도 해요. 아래 파이가 몇 개인지 세지 않고도 알 수 있나요?

묶어 세기

손가락과 발가락을 비롯한 신체 부위를 써서 세는 것도 괜찮아요. 기억력이 좋아서 몇까지 세었는지 계속 기억할 수 있다면요. 하지만 틈틈이 적으면서 세는 편이 훨씬 나을 때가 많아요. 묶어 세기는 해가 몇 번 떴는지, 무리에 매머드가 몇 마리 있는지 하나하나 줄을 긋다가 일정 수가 모이면 한 묶음으로 만들어 세는 방법이에요.

여러 개를 묶으라고!

매머드 무리에 몇 마리 있는지 빨리 세려고 할 때 가장 단순한 방법은 1마리 셀 때마다 줄을 하나씩 긋는 거예요. 하지만 곧 표시한 줄이 너무 많아져서 헷갈리기 시작할 거예요. 줄이 100개쯤 되면 하나둘 세는 데 시간이 한참 걸릴 테니까요! 그럴 때 묶음을 만들면 더 빨리 셀 수 있어요. 몇 묶음인지 세면 되니까요.

나만의 표지 만들기
세로 줄 하나가 매머드 1마리예요. 코끼리땃쥐는 매머드가 1마리씩 지나갈 때마다 줄을 하나씩 그어요.

묶어 세기를 더욱 쉽게

묶어 세기 방식은 지금도 쓰여요. 자동차처럼 빨리 움직이는 것을 셀 때 자주 써요. 여러 개를 묶어 놓으면 하나하나 세는 것보다 훨씬 더 빨리 쉽게 셀 수 있어요. 묶어 세기 방식은 여러 가지예요. 옆 그림은 5개씩 묶는 방법들이에요. 첫 번째는 '창살문'처럼 만드는 거예요. 두 번째는 한자로 '바를 정(正)'자를 쓰는 거예요. 세 번째는 네모를 만들고 나서 대각선을 긋는 거예요.

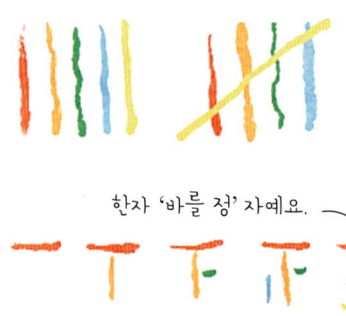

한자 '바를 정' 자예요.

빗금
세기 쉽게 줄을 4개 그은 다음 5번째에는 빗금을 그어요. 막대 5개로 된 창살문이 생겼어요.

임시 묶음
많은 코끼리를 세려면, 줄을 많이 그어야 할 거예요! 전부 몇 마리인지 알려면, 5묶음짜리가 몇 개인지 세어야 해요. 그런데 어? 코끼리가 줄을 밟아서 지워졌어요! 처음부터 다시 세어야 해요.

알파벳의 첫 글자 A는 숫자 1의 의미로도 쓰였어요.

숫자 기호

숫자는 수천 년 전에 처음 쓰였어요. 물건 하나를 셀 때마다 줄을 긋는 대신에, 기호를 써서 양을 표시한 거예요. 곧 적은 수의 기호들을 다양하게 조합해서 수를 나타내는 규칙도 생겨났어요. 그때부터 상상할 수 있는 모든 수를 적을 수 있게 되었어요.

수 체계

코끼리땃쥐들이 여러 가지 수 체계를 가지고 1부터 10까지 어떻게 적는지 비교하고 있어요. 지금까지 다양한 수 체계들이 발명되었어요. 저마다 나름의 규칙에 따라 기호들을 조합해서 원하는 수를 표시하지요. 지금 우리가 주로 쓰는 수 체계는 1천여 년 전 인도에서 발명했어요.

고대 그리스
알파벳 문자로 숫자도 표시했어요. 일종의 재활용이지요.

고대 로마
문자들을 다양하게 조합해서 숫자를 나타냈어요.

고대 중국
1에서 10까지 각각 숫자 기호가 있었고, 10, 100, 1,000 등을 적는 기호도 따로 있었어요.

인도-아라비아
지금 세계에서 가장 널리 쓰이는 수 체계는 앞서 나온 것들과 달라요. 0을 나타내는 기호가 있거든요. 0이 왜 중요한지는 16-17쪽에 나와 있어요!

끝없이 이어지는 수
인도-아라비아 수 체계는 아라비아 숫자 1-9와 0을 써요. 각 숫자는 정해진 양을 나타내지만, 이 숫자들을 조합하면 무한히 많은 수를 나타낼 수 있어요(14-15쪽 참조).

자릿값

수는 숫자라는 기호로 적어요. 우리 수 체계는 0–9라는 숫자를 쓰지요. 그런데 이 숫자의 값은 달라질 수 있어요. 20이라는 수에서 '2'는 200의 '2'와 다른 값을 나타내요. 즉 어떤 숫자가 가리키는 양은 그 숫자의 위치에 따라 달라져요. 이를 자릿값이라고 해요.

10씩 세기

사과를 담아 포장하는 공장이에요. 매머드와 코끼리땃쥐는 가로세로 10칸씩인 상자에 사과를 담고 있어요. 한 줄에 사과 10개를 다 채우면 다음 줄을 채워요. 우리 수 체계도 이 방법을 써요. 십진법이라고 해요. 지금까지 사과 1,453개를 채웠어요.

100개씩
한 상자에는 한 줄에 10개씩 10줄에 걸쳐 사과를 담아요. 총 100개지요.

1,000개씩
상자를 10개씩 운반대에 올려요. 각 상자에는 사과가 100개 들어 있어요. 따라서 이 운반대에는 사과가 1,000개 있어요.

1,000개
사과 100개를 담은 상자가 10개 쌓이면 왼쪽으로 옮겨요. 1,000개지요. 꽉 찬 운반대에는 사과가 1,000개 있다는 뜻이에요.

400개
사과를 다 채운 상자는 차곡차곡 쌓아요. 여기에 4개가 쌓여 있어요. 100개씩 든 상자가 4개니까, 사과는 400개예요.

0

모두 알다시피 '0'은 '없음'을 뜻해요.
하지만 수학에서는 아주 중요한 일을 하는 영웅이에요.
수천 년 동안 사람들은 0을 쓰지 않고 수학을 했어요.
0을 나타내는 기호조차 없었지요. 지금은 0이 없는
수학은 상상하기 어려워요.
0이 없으면 아주 혼란스러울 거예요!

열심히 일하는 수

0이 없었다면 현대 수학도 나올 수 없었어요. 0이 있기에 우리
수 체계의 토대를 이루는 자릿값을 쓸 수 있지요.
0이 없으면 일상생활도 무척 어려울 거예요.
0은 시간을 말하고, 온도를 재고, 운동 경기의 점수를
기록할 때도 필요하지요. 0이 하는 가장 중요한 일들을
알아볼까요? 매머드가 알려 줘요.

아무것도 없어

0은 '없음'이나 '비어 있음'을 뜻할 때가 많아요. 0은 셀 수가 없어요. 없는 것은 셀 수 없으니까요. 위의 그림을 봐요. 위쪽의 그림을 먼저 보지 않았다면, 아래쪽 그림에서 매머드가 0마리라고 말할 이유가 없겠지요.

0을 써서 계산하기

0은 수직선에서 양수도 음수도 아니고, 짝수도 홀수도 아닌 유일한 숫자예요. 다른 숫자들과 쓰임새가 전혀 달라서 수학자들을 어리둥절하게 만들기도 했어요. 예를 들어, 어떤 수에 0을 더하고 빼고 곱할 수는 있지만, 그 수를 0으로 나눌 수는 없어요.

$$8 + 0 = 8$$

$$8 - 0 = 8$$

$$8 \times 0 = 0$$

$$8 \div 0 = ????$$

답이 아예 없어요

디지털 언어

컴퓨터는 0을 가지고 의사소통을 해요. 이진법은 컴퓨터에서 쓰는 수 체계예요. 우리가 컴퓨터에 명령문을 입력하면, 컴퓨터는 그 내용을 1과 0으로만 이루어진 수로 번역해요.

점수 기록

0이 없다면, 축구 경기가 어떻게 흘러가고 있는지 알기 어려울 거예요. 점수판의 '0'은 파란 팀이 아직 공을 못 넣었다고 알려 줘요.

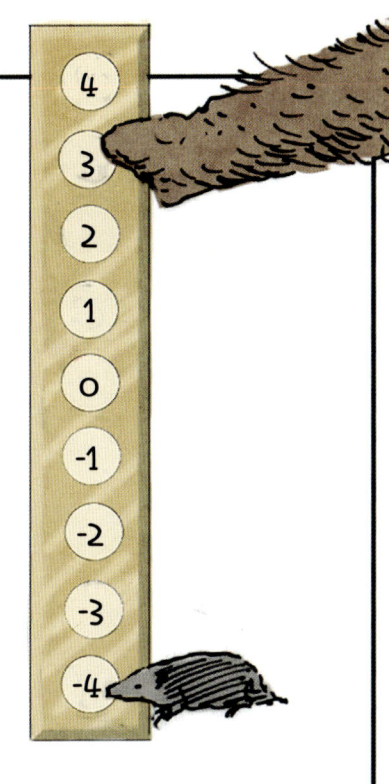

실수

0은 수직선에서 음수와 양수가 나뉘는 자리에 있어요. 승강기에서 '0'은 지표면을 뜻해요. 양수는 지상층, 음수는 지하층이지요.

측정값

무언가를 측정할 때 0은 어떤 값을 가리키기도 해요. 온도계의 0°는 온도가 없다는 뜻이 아니에요. 특정 값을 가리키는 거예요..

0이 없다면, 21과 201의 차이를 알 수 없을 거예요!

자릿값

0은 우리 수 체계에서 아주 중요해요. 어떤 수에서 각 숫자의 값은 자리에 따라 달라져요(14-15쪽 참조). 0은 그 자리에 숫자가 없을 때 넣는 값이에요.

음수

0보다 큰 수를 양수라고 해요. 0에서부터 뒤로 세면 음수가 나와요. 0보다 작은 수는 음수예요. 음수는 숫자 앞에 (−)를 붙여서 나타내요.

층마다 문을

코끼리땃쥐들이 여러 층으로 된 집을 지었어요. 굴마다 층이 달라요. '0'으로 표시된 지표면 위쪽의 굴들에는 양수가 붙어 있어요. 지표면 아래 굴들에는 깔개에 음수가 적혀 있어요.

중간의 0
0은 양수도 음수도 아니에요. 양수와 음수를 나누는 수예요.

뒤로 세기
음수는 0에서부터 뒤로 세어요. 0에서 멀어질수록 더 작은 수가 나와요.

더욱더 아래로
−4는 −3보다 작아요. 0에서 더 머니까요.

수직선의 음수

여러 층으로 된 땃쥐들의 집을 수직선으로 나타내 볼까요? 그러면 양수와 음수를 더하고 빼기가 쉬워요. 음수에 괄호를 붙이면, 음수 기호를 알아보기가 더 쉬워요. 덧셈과 뺄셈은 30~33쪽에 자세히 나와 있어요.

양수 더하기
어떤 수에 양수를 더하면 수직선에서 오른쪽으로 옮겨가요.

(−1) + 2 = 1   오른쪽으로 2칸 이동

양수 빼기
어떤 수에서 양수를 빼면 수직선에서 왼쪽으로 옮겨가요.

(−1) − 2 = (−3)   왼쪽으로 2칸 이동

음수 더하기
음수를 더하면 양수를 빼는 것과 같아서, 왼쪽으로 옮겨가요.

2 + (−3) = −1   왼쪽으로 3칸 이동

음수 빼기
음수를 빼면 양수를 더하는 것과 같아서, 오른쪽으로 옮겨가요.

(−1) − (−3) = 2   오른쪽으로 3칸 이동

앞으로 세기
양수는 0에서부터 앞으로 세어요. 0에서 멀어질수록 수는 더 커져요.

각 계단은 정수 하나를 나타내요.

뜀뛰기
땃쥐는 계단을 수직선처럼 이용할 수 있어요. 0에서부터 앞으로 세면 오른쪽, 계단 위로 올라가요. 0에서부터 뒤로 세면 왼쪽, 계단 아래로 내려가요.

무한대

세상에서 가장 큰 수는 얼마일까요? 자신이 아는 가장 큰 수를 생각해 봐요. 그 수에 1을 더해요. 거기에 다시 1을 더해요. 그렇게 계속하면 점점 더 큰 수를 얻을 거예요. 사실 가장 큰 수를 알아내기란 불가능해요. 수는 끝없이 커질 (또는 작아질) 수 있으니까요. 수학에서는 수가 무한하다고 말해요.

상상 이상으로 큰
땃쥐들이 숫자가 적힌 카드들을 죽 늘어놓고 있어요. 계속 더 큰 숫자를 만들려고요. 숫자가 너무 길어서 어디서부터 시작인지 보이지도 않아요!

불가능한 일

이 땃쥐들은 매머드의 도움을 받아 세상에서 가장 긴 수를 만들려고 해요. 그러나 아무리 길게 늘어놓아도 결코 성공하지 못할 거예요. 수는 무한하니까요. '무한하다'는 말은 '매우 크다'는 뜻이 아니에요. '끝이 없다'는 뜻이에요!

무한대 기호

아래 기호는 무한을 나타내요. 8자를 옆으로 눕힌 것처럼 보여요. 무한대의 뜻 그대로, 시작도 끝도 없으니까 완벽한 기호처럼 보여요.

무한대를 넣어서 계산할 때는 뜻밖의 결과가 나와요. 무한대에서 1을 빼면, 여전히 무한대예요! 무한대는 실제 숫자가 아니라, 개념을 가리키기 때문이에요.

$$\infty - 1 = \infty$$
$$\infty \text{의 } 50\% = \infty$$

수의 이모저모

수 정렬

수들을 정렬하고 싶다면, 먼저 수끼리 비교해야 해요. 두 수를 비교하면 어느 쪽이 크거나 작은지, 또는 서로 같은지 알 수 있어요. 이 열띤 재능 경연 대회에서 우승자를 뽑으려면 판정단은 점수를 꼼꼼히 비교해야 해요.

투표하세요!

전화 투표를 집계해서 결과를 내요. 얻은 표를 비교해서 가장 높은 점수부터 가장 낮은 점수까지 점수판에 표시해요. 가장 많은 표를 얻은 매머드가 우승하겠지요.

표가 적어요
11,256표는 27,002표보다 적어요(기호로 쓰면 이렇게 돼요. 11,256 < 27,002).

11,256

빙빙 돌리기
이 빙빙 돌리기는 관객들에게 별로 와 닿지 않은 듯해요.

우승할 수 있을까?
코끼리땃쥐는 2위보다 더 많은 표를 받았어요. 27,002 > 22,405.

27,002

힘센 땃쥐
작지만 힘이 아주 센 이 땃쥐는 깊은 인상을 남겼어요. 우승할 만큼요!

기호

어떤 수가 더 크거나 작다는 것을 기호로 나타낼 수 있어요. 기호가 넓은 쪽이 더 큰 수예요. 두 수가 같을 때는 나란히 그은 두 선, 즉 등호로 표시해요.

 보다 작다
이 기호는 '~보다 작다'라는 뜻이에요.
10 < 12는 '10은 12보다 작다'를 뜻해요.

 보다 크다
이 기호는 '~보다 크다'라는 뜻이에요.
12 > 10은 '12는 10보다 크다'를 뜻해요.

 같다
이 기호는 양쪽 수의 값이 같다는 뜻이에요.

가장 중요한 숫자 → 27,002
두 번째로 중요한 숫자 → 22,405
22,405
11,256

경연자들을 비교해요

수들을 정렬하려면 가장 중요한 숫자를 비교해야 해요. 가장 큰 자릿값의 숫자지요. 이 숫자가 같으면, 그다음 자릿값의 숫자를 비교하면서 오른쪽으로 죽 나아가요.

22,405

접시 돌리기
이 묘기를 좋아하는 땃쥐들도 있었지만, 우승할 정도는 아니었네요.

마술사와 접시 돌리기 대가는 득표수가 같았어요. 두 수가 같을 땐 기호로 이렇게 나타내요. (22,405 = 22,405).

공동 2위 → **22,405**

마술 묘기
마술사는 여러 마술 묘기를 선보였지만, 안타깝게도 우승하기에는 좀 부족했어요.

어림셈

수학의 목적은 주로 정답을 얻는 것이지만 때로는 합리적인 숫자를 추측하여 어림수를 구하는 데 유용할 수도 있어요. 아주 큰 수를 다루거나, 대상이 너무 많아서 세는 데 시간이 오래 걸릴 때 특히 그래요. 어림셈은 계산 결과를 검토할 때도 쓸모가 있어요. 즉 자신이 얻은 답이 대강 추측한 값과 비슷한 범위에 있는지 확인할 수 있어요.

흥분한 군중
흥분해서 날뛰는 땃쥐가 너무 많아서 몇 마리인지 세기 힘들어요.

우글거리는 땃쥐들

의자들 사이를 끊임없이 뛰어다니는 땃쥐 무리를 세기란 쉽지 않아요. 다행히 꽤 빨리 합리적으로 어림셈을 하는 방법이 있어요. 실제 땃쥐는 110마리인데, 두 가지 방법을 써서 얼마나 비슷한 값을 구할 수 있는지 알아볼까요?

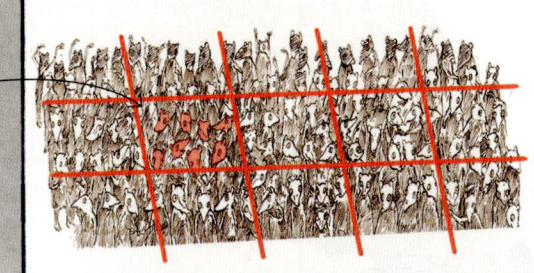

한 칸 세기
격자에서 한 칸을 골라서 몇 마리인지 세어요.

격자 이용하기

무리 전체가 바둑판처럼 격자로 나뉘어 있다고 상상하면 대략 몇 마리인지 계산하기 쉬워요. 그림에서 표시한 칸에는 땃쥐 8마리 있어요. 8에 15(칸의 수)를 곱하면 120마리라는 어림수가 나와요.

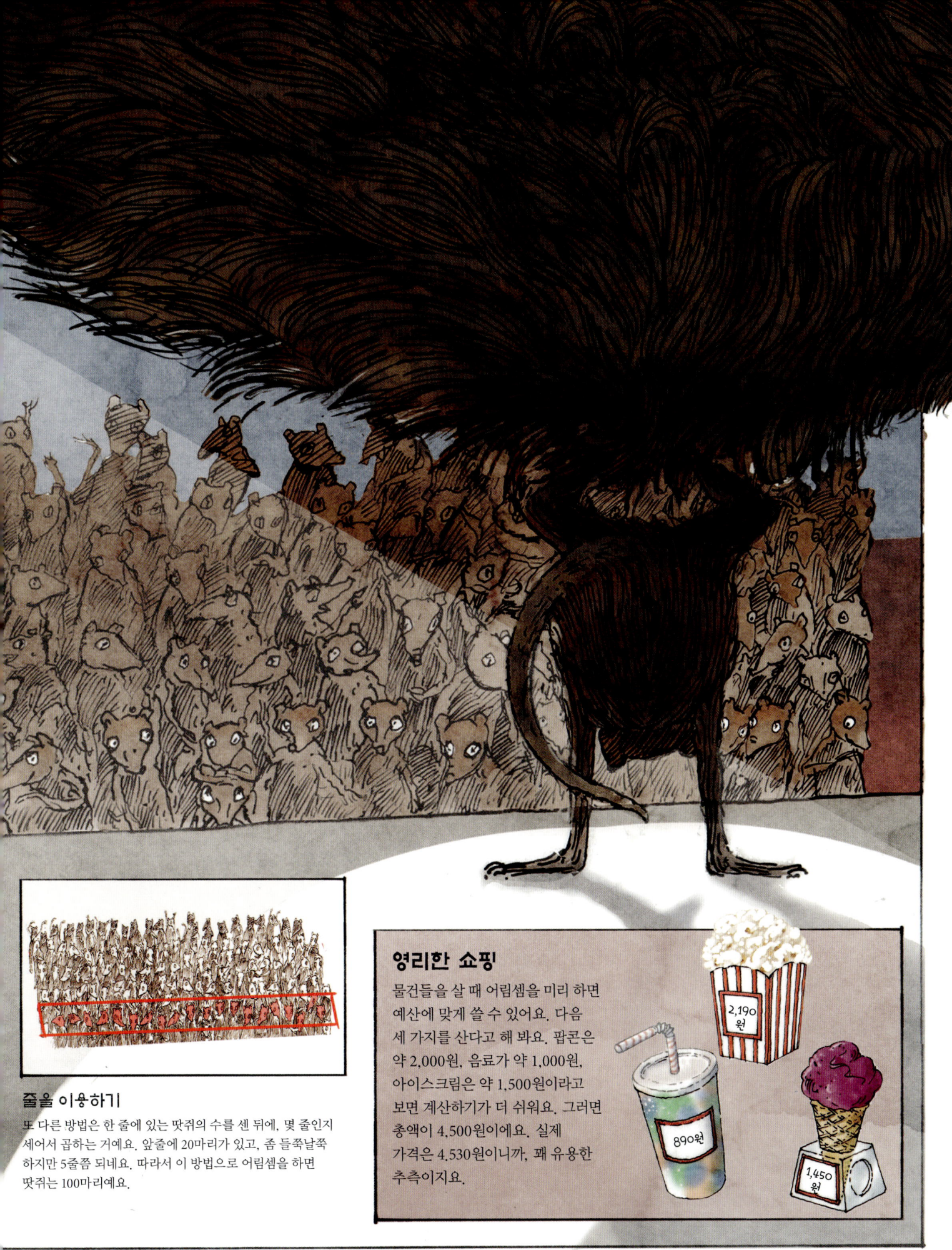

줄을 이용하기

또 다른 방법은 한 줄에 있는 땃쥐의 수를 센 뒤에, 몇 줄인지 세어서 곱하는 거예요. 앞줄에 20마리가 있고, 좀 들쭉날쭉하지만 5줄쯤 되네요. 따라서 이 방법으로 어림셈을 하면 땃쥐는 100마리예요.

영리한 쇼핑

물건들을 살 때 어림셈을 미리 하면 예산에 맞게 쓸 수 있어요. 다음 세 가지를 산다고 해 봐요. 팝콘은 약 2,000원, 음료가 약 1,000원, 아이스크림은 약 1,500원이라고 보면 계산하기가 더 쉬워요. 그러면 총액이 4,500원이에요. 실제 가격은 4,530원이니까, 꽤 유용한 추측이지요.

반올림

반올림은 계산하기 쉽게 우수리가 없는 어림수로 바꾸는 거예요. 10에 가장 가까운 값으로 반올림을 하면 머릿속에서 더하고 빼고 곱하기가 훨씬 쉬워져요. 어림셈을 할 때 특히 유용해요(26–27쪽 참조).

위야 아래야?

반올림을 할 때 값을 올릴지 버릴지 어떻게 알까요? 롤러코스터를 이용해서 반올림 규칙을 익혀요! 숫자가 5보다 작으면 버려요. 5 이상이면 올리고요.

버리기

수의 마지막 자리의 수가 4 이하라면 버려요. 73은 80이 아니라 70이 되지요. 이쪽 롤러코스터의 땃쥐들은 아래로 향하고 있어요.

어느 쪽?

이 매머드는 65를 반올림하고 싶은데 좀 헷갈려요. 70으로 올려야 할까요, 60으로 내려야 할까요? 5는 올리는 것이 규칙이에요. 그래서 65는 70이 되지요.

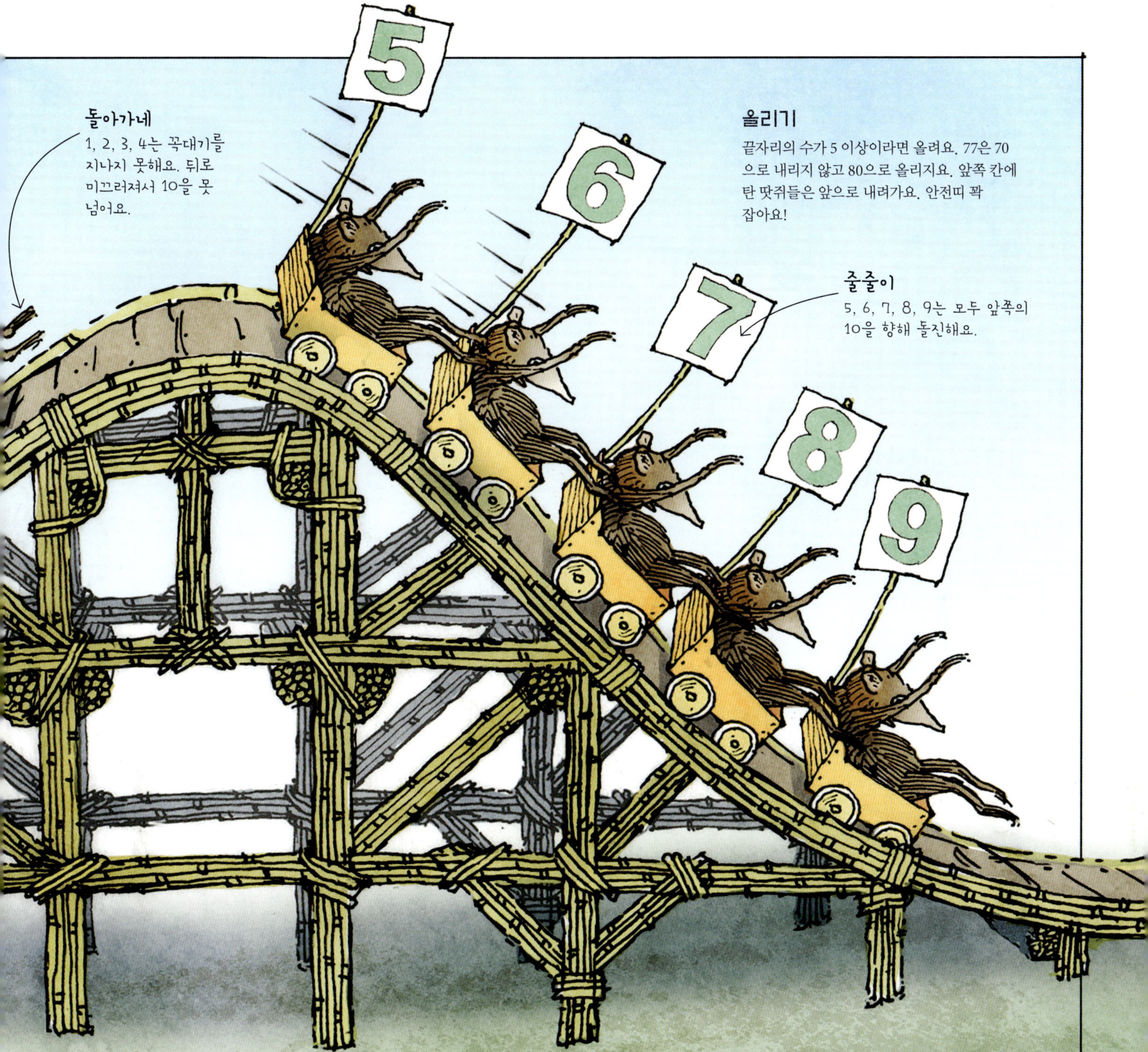

돌아가네
1, 2, 3, 4는 꼭대기를 지나지 못해요. 뒤로 미끄러져서 10을 못 넘어요.

올리기
끝자리의 수가 5 이상이라면 올려요. 77은 70으로 내리지 않고 80으로 올리지요. 앞쪽 칸에 탄 땃쥐들은 앞으로 내려가요. 안전띠 꽉 잡아요!

줄줄이
5, 6, 7, 8, 9는 모두 앞쪽의 10을 향해 돌진해요.

100의 자리로 반올림

가장 가까운 100의 자리로 반올림할 때도 같은 규칙이 적용돼요. 가장 가까운 10의 자리로 반올림할 때 1의 자리 숫자를 살피지요. 가장 가까운 100의 자리로 반올림할 때는 10의 자리 숫자를 살펴요. 이런 방법으로 분수와 소수를 없앨 수 있어요.

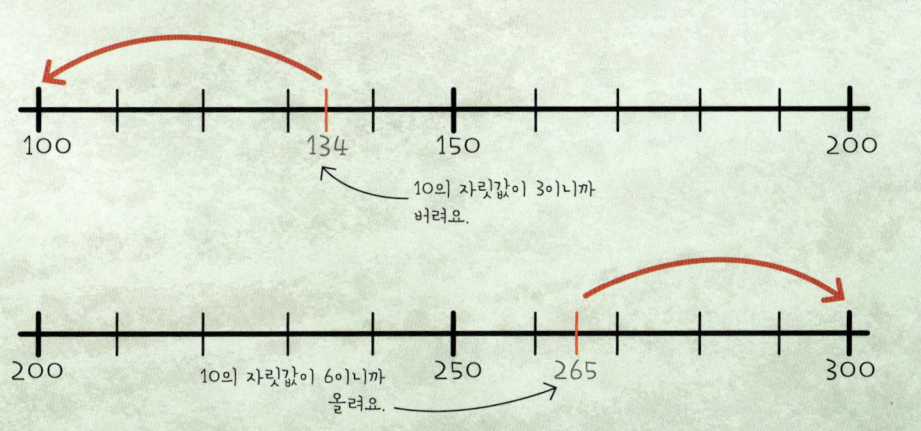

10의 자릿값이 3이니까 버려요.

10의 자릿값이 6이니까 올려요.

덧셈

둘 이상의 양을 모아서 더 큰 양을 만드는 것을 덧셈이라고 해요. 아주 큰 수를 더하든 작고 단순한 양을 더하든 간에, 덧셈을 하는 주된 방법은 두 가지예요. 자, 서커스에서 하루를 보내면서 덧셈을 익히고 있는 매머드들을 따라가 봐요.

서커스 구경

빙글빙글, 빙빙. 마을에 서커스단이 왔어요! 코코넛 떨어뜨리기 게임을 준비하는 땃쥐들이 기둥 위에 코코넛을 올리고 있어요. 다른 곳에서는 매머드 2마리가 색깔 풍선을 준비하고 있네요. 그런데 풍선이 몇 개일까요?

이어 세기

덧셈을 이해하는 한 가지 방법은 이어 세기예요. 하나의 숫자에서 시작해서 더해야 할 자리까지 숫자를 계속 짚으면서 세는 거지요. 땃쥐들은 빈 코코넛 기둥을 채우기 위해서 6번 기둥부터 시작해서 3개를 더 더해요. 이게 이어 세기예요.

더 큰 수
가장 큰 수에서 시작하여 이어 세기를 하면, 더 작은 수에서 시작하는 것보다 더 빨리 셀 수 있어요.

뺄셈

한 수에서 다른 수만큼 떼어 냈을 때 얼마가 남았는지 알아내는 것을 뺄셈이라고 해요. 덧셈의 반대지요. 뺄셈은 거꾸로 세거나 두 수의 차이를 알아내는 것이라고도 볼 수 있어요.

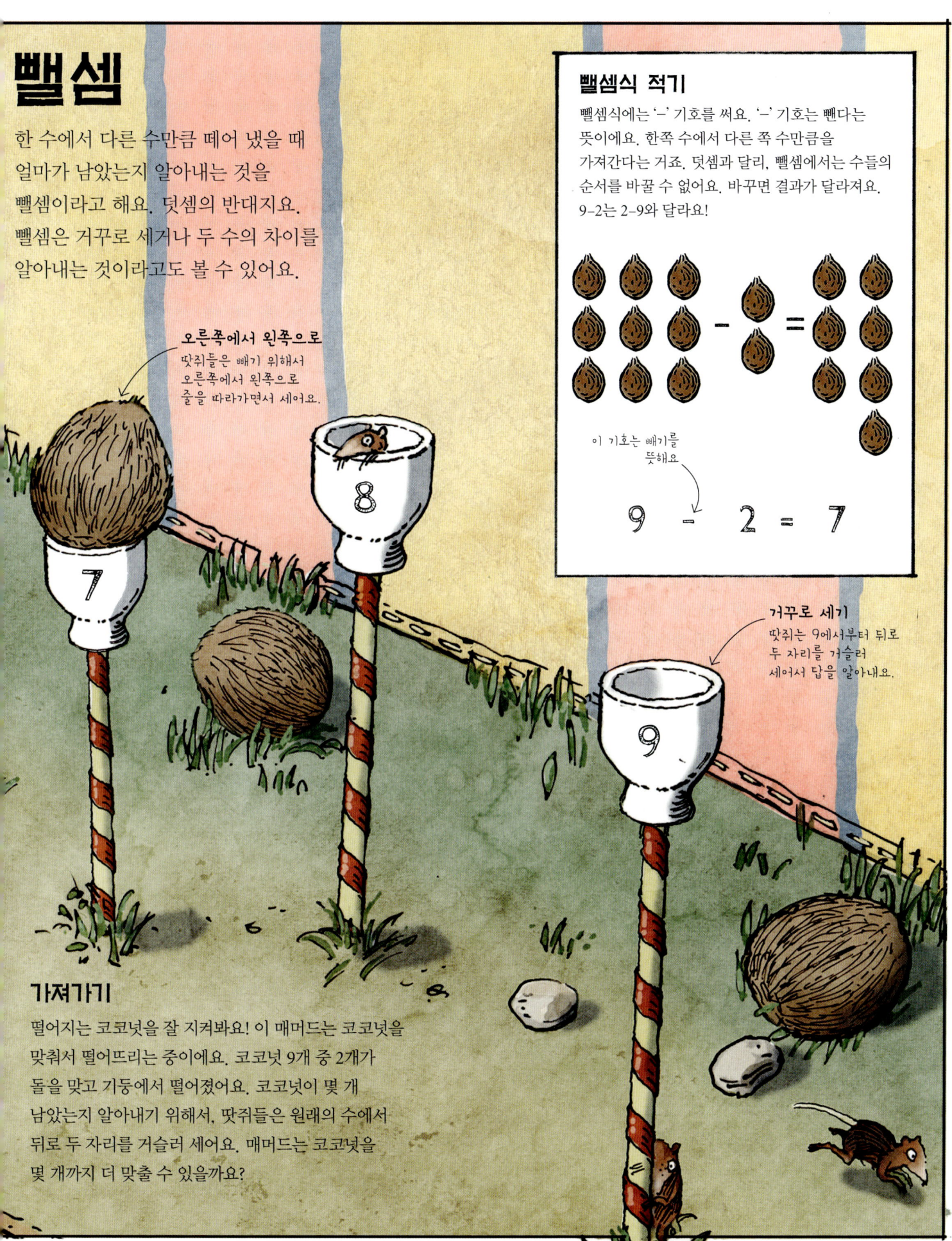

뺄셈식 적기

뺄셈식에는 '−' 기호를 써요. '−' 기호는 뺀다는 뜻이에요. 한쪽 수에서 다른 쪽 수만큼을 가져간다는 거죠. 덧셈과 달리, 뺄셈에서는 수들의 순서를 바꿀 수 없어요. 바꾸면 결과가 달라져요. 9−2는 2−9와 달라요!

이 기호는 빼기를 뜻해요

$$9 - 2 = 7$$

오른쪽에서 왼쪽으로
땃쥐들은 빼기 위해서 오른쪽에서 왼쪽으로 줄을 따라가면서 세어요.

거꾸로 세기
땃쥐는 9에서부터 뒤로 두 자리를 거슬러 세어서 답을 알아내요.

가져가기

떨어지는 코코넛을 잘 지켜봐! 이 매머드는 코코넛을 맞춰서 떨어뜨리는 중이에요. 코코넛 9개 중 2개가 돌을 맞고 기둥에서 떨어졌어요. 코코넛이 몇 개 남았는지 알아내기 위해서, 땃쥐들은 원래의 수에서 뒤로 두 자리를 거슬러 세어요. 매머드는 코코넛을 몇 개까지 더 맞출 수 있을까요?

10마리 한 팀
땃쥐 10마리가 무리를 이루어서 함께 떠내려가요. 10+0은 10의 숫자쌍이고, 0+10도 그래요.

10

1마리가 떨어져 나감
땃쥐 1마리가 떨어져 나가서 9마리 남았어요. 이렇게 해서 10의 새로운 숫자쌍이 생겼어요. 9+1과 1+9예요.

9와 1

숫자쌍

서로 더해서 더 큰 수를 구성할 수 있는 수들을 숫자쌍이라고 해요. 이런 단순한 계산에서는 더하기쌍이라고 해도 되지요. 어떤 숫자로든 숫자쌍을 배울 수 있지만, 더해서 10이 되는 숫자쌍을 알면 매우 도움이 돼요. 10이나 100의 배수를 이루는 숫자쌍도 쉽게 알 수 있거든요.

수영장 쌍

너무나도 무더운 날, 코끼리땃쥐 10마리 집단이 튜브를 타고 신나게 놀기 위해 수영장에 갔어요. 함께 물에 떠 있는데, 1마리가 떨어져 나갔어요. 10의 더하기쌍, 즉 숫자쌍이 만들어진 거죠. 땃쥐들은 온갖 방법으로 10의 숫자쌍이 만들어지도록 두 집단으로 나뉘기로 했어요.

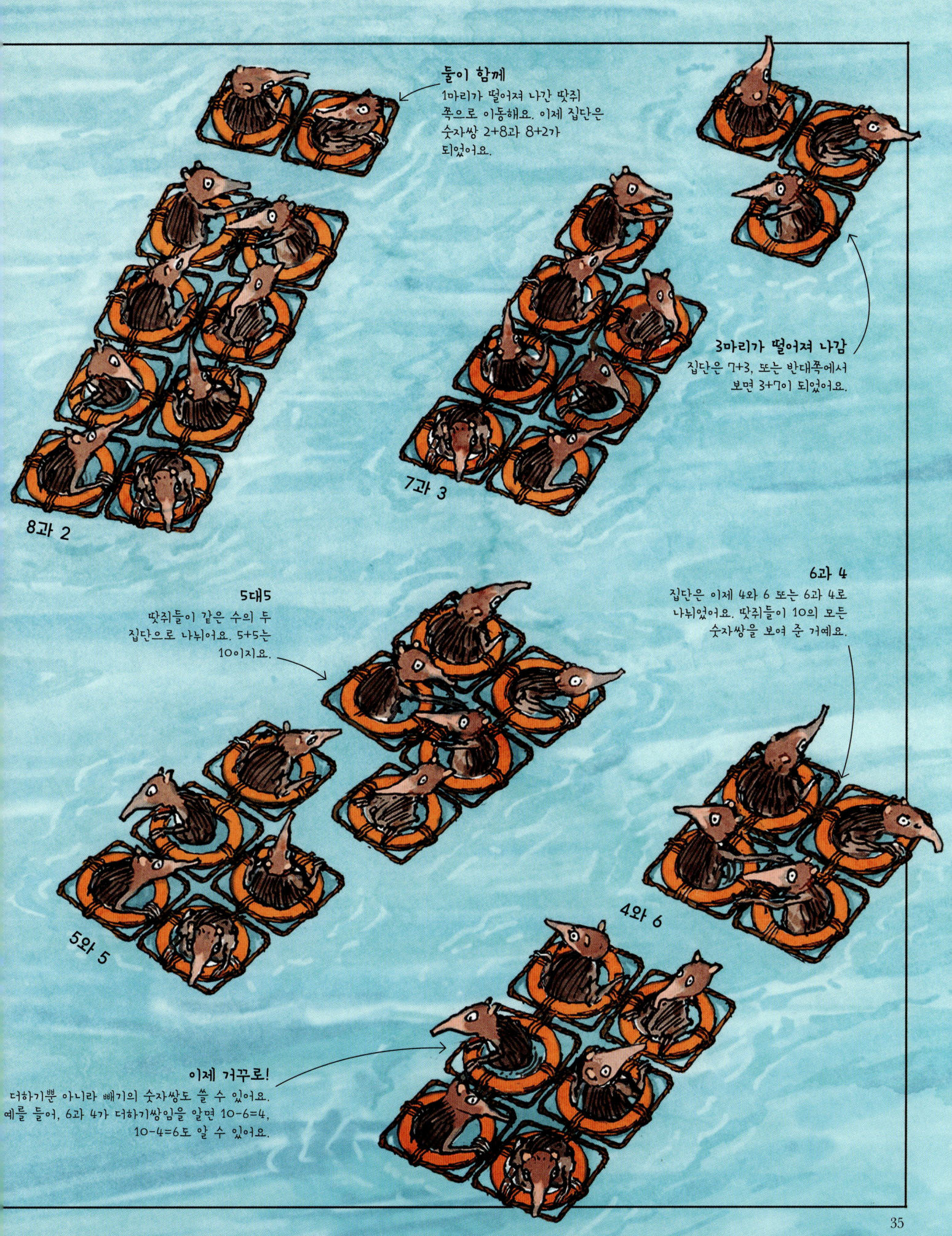

곱셈

곱하기는 사실상 같은 수를 계속해서 더하는 일을 더 빨리하는 방법이에요. '5×3'은 '5+5+5' 또는 '5씩 3묶음'과 같은 뜻이에요. '×'는 '곱하기' 기호예요.

매머드 곱셈

매머드 15마리로 이루어진 팀은 수중 발레를 하면서 점점 더 작은 집단으로 나뉘어요. 처음에는 5마리씩, 다음에는 3마리씩이요. 이 쇼는 곱셈의 규칙을 완벽하게 보여 주고 있어요. 두 수의 순서를 바꾸어 곱해도 답은 언제나 같지요.

5씩 3묶음

5마리씩 3줄 대형(수학에서는 배열이라고 해요)을 이루었어요. 숫자 3과 5는 서로 곱했을 때 언제나 15가 되는 숫자쌍이에요.

곱
곱셈을 통해 나온 값을 곱이라고 해요.

$5 \times 3 = 15$

한 줄에 5마리
각 줄에는 매머드가 5마리씩 있어요.

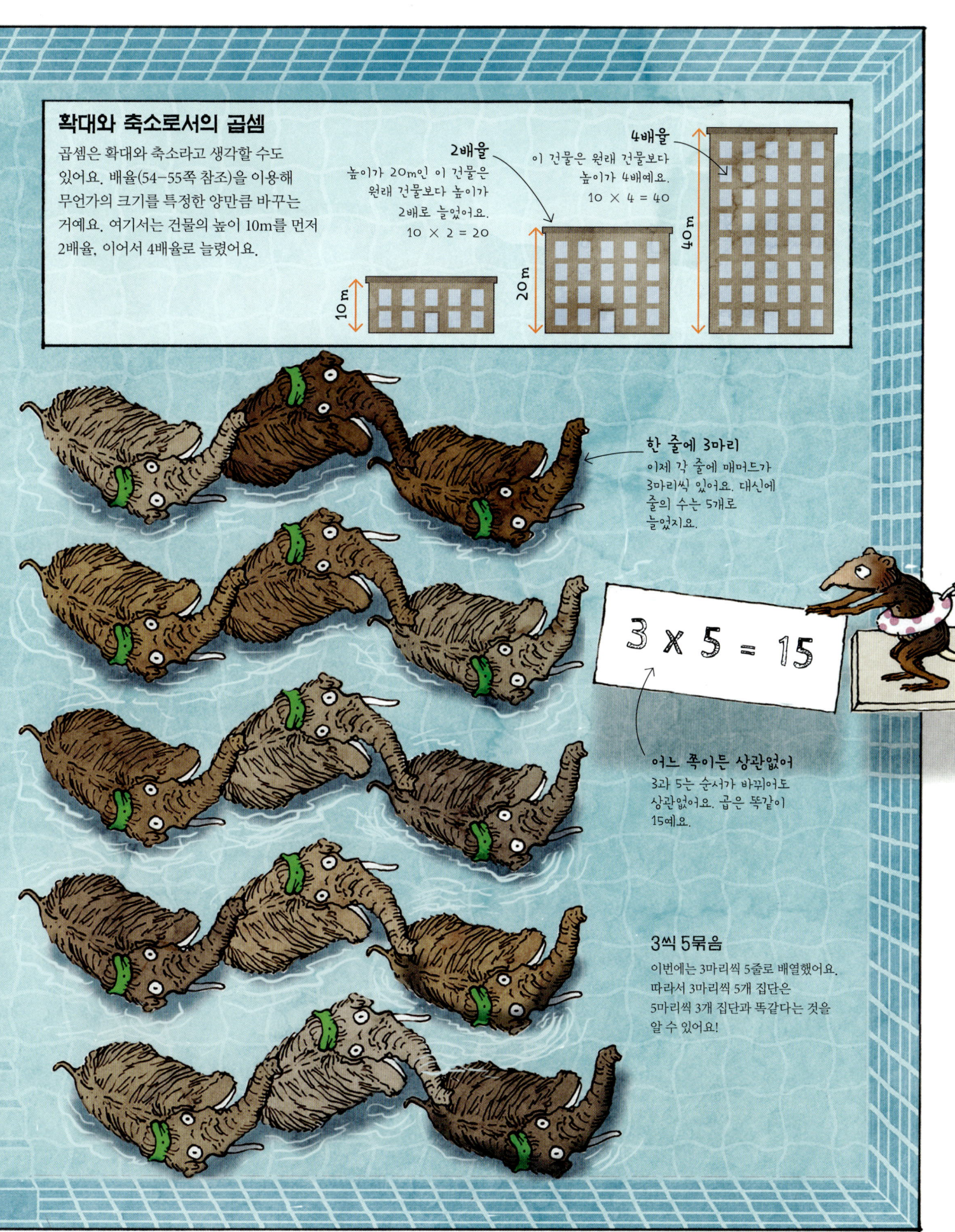

나눗셈

나눗셈은 수나 양을 더 작은 양으로 쪼개는 것을 말해요. 나누기 전과 나눈 뒤의 전체 양은 같고요. 또 나눗셈은 한 수가 다른 수의 몇 배인지를 알아내는 방법이기도 해요. 나눗셈은 곱셈의 반대, 즉 역산이에요.

3마리씩 묶기
수중 발레를 하는 매머드 15마리를 3마리씩 집단을 이루도록 나누었어요. 그러자 5개 집단이 되었지요. 5마리씩 집단을 이루게 했을 때는 3개 집단이 되었고요. 즉 5와 3은 짝을 이루어요. 15를 두 수 중 하나로 나누면, 나머지 수가 나올 거예요.

몇 배예요?
이 연산의 역산은 5 × 3 = 15예요.

3마리씩 한 집단
15마리는 3마리씩 5개 집단으로 딱 나누어 떨어져요. 남는 매머드는 없어요.

정확히 나누기

수중 발레 경기에서 매머드 15마리로 이루어진 팀은 결승까지 갔어요. 첫 번째 연기에서는 3마리씩 집단을 나누었어요. 아무 문제 없었지요! 그다음에는 7마리씩 집단을 나누려고 했는데, 좀 어렵다는 것이 드러나요.

나머지 1
매머드 1마리가 남아요. 7로는 15를 정확히 나눌 수 없어요. 남는 매머드를 나머지라고 해요.

한 집단에 7마리씩

어떤 수는 크기가 같은 집단들로 나누지 못해요. 15마리를 7마리씩 집단을 이루도록 쪼갤 때, 산뜻하게 일이 진행되지 않아요. 7마리씩 두 집단으로 나눌 수 있지만, 1마리가 남아요.

몫은 2이고, 나머지가 1이라는 뜻이에요.

$$15 \div 7 = 2 \cdots 1$$

나눗셈식 적기

나눗셈을 식으로 적을 때는 '÷' 기호를 써요. 그 뒤의 숫자로 '나눈다'는 뜻이지요. 식의 각 숫자에는 나름의 이름이 붙어 있어요.

나누는수 몇 개로 나누는지
몫 나뉜 집단이 얼마나 큰지

$$12 \div 4 = 3$$

나뉘는수 우리가 나누는 수

분수에서 두 수를 나누는 선을 분수의 가로선이라고 해요. 위쪽의 수를 아래쪽의 수로 나눈다는 뜻이에요.

$$1/2$$

분수의 가로선
½이라고 적는 것은 1÷2라고 적는 것과 같아요.

나머지는 같아요

15를 7로 나누면 2개 집단이 만들어지고 1이 남아요. 15를 2로 나누면 7개 집단이 나와요. 여전히 1이 남아요!

인수

어떤 수를 같은 크기로 쪼갠다는 것은 인수로 나눈다는 뜻이에요. 인수는 더 큰 수를 나머지 없이 딱 떨어지게 나누는 수를 말해요. 모든 수는 적어도 2개의 인수를 지녀요. 모든 수는 1과 그 자신으로 나눌 수 있으니까요. 인수는 언제나 쌍을 이루어요. 이 기운 넘치는 매머드들도 알아차릴 거예요.

12마리 1개 집단

1. 한 팀으로 일하기
매머드 12마리가 이 무거운 버스를 들어 올리려면 하나의 집단을 유지해야 해요. 즉 매머드 12마리는 한 팀이에요. 그 말은 1과 12가 12의 인수라는 뜻이에요.

재미있는 인수

이 기운 넘치는 12마리 매머드 집단은 다양한 활동에 참여해요. 신나는 여가 활동을 할 때마다 구성원을 다양하게 나누어야 해요. 구성원 수가 똑같아지도록 나누는 과정에서 매머드들은 12의 인수들을 모두 알아내요.
1, 2, 3, 4, 6, 12예요.

인수 나무

어떤 수의 인수들을 찾아냈다면, 각 인수를 더 작게 나누는 인수를 찾을 수도 있어요. 계속하다 보면 이윽고 소수(60-61쪽)에 이르게 돼요. 1과 자기 자신으로밖에 나눌 수 없는 수가 소수지요. 인수들 중 소수인 수를 소인수라고 해요. 소인수를 찾고자 할 때 인수 나무를 쓸 수도 있어요. 인수 나무를 그리는 방법은 많지만, 어떤 방법을 쓰든 간에 동일한 소인수들이 나올 거예요.

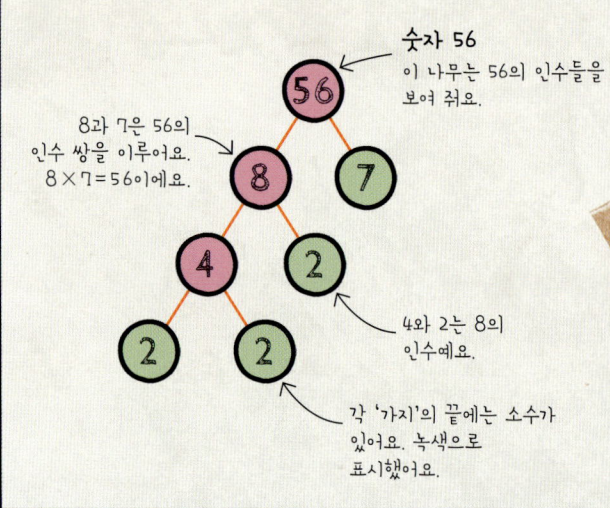

숫자 56
이 나무는 56의 인수들을 보여 줘요.

8과 7은 56의 인수 쌍을 이루어요. 8×7=56이에요.

4와 2는 8의 인수예요.

각 '가지'의 끝에는 소수가 있어요. 녹색으로 표시했어요.

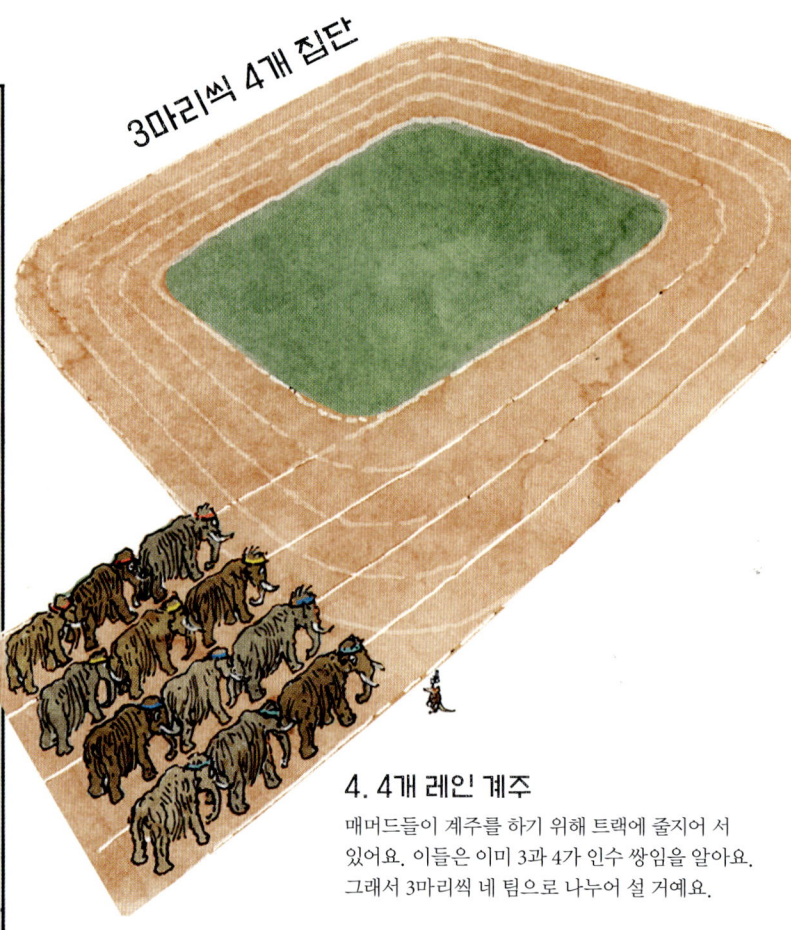

3마리씩 4개 집단

4. 4개 레인 계주
매머드들이 계주를 하기 위해 트랙에 줄지어 서 있어요. 이들은 이미 3과 4가 인수 쌍임을 알아요. 그래서 3마리씩 네 팀으로 나누어 설 거예요.

6마리씩 2개 집단

2. 두 팀
배구를 하려면 매머드들은 같은 크기의 두 팀으로 나뉘어야 해요. 반으로 나누면 각 팀 6마리가 되므로, 2와 6도 12의 인수가 틀림없어요.

4마리씩 3개 집단

3. 세 팀이 '몸으로 말해요'
이제 매머드들은 '몸으로 말해요' 게임을 해요. 1마리가 나와서 자기 팀을 향해 몸짓을 해요. 4마리씩 세 팀으로 나뉘었으니까, 3과 4는 12의 인수예요.

2마리씩 6개 집단

1마리씩 12개 집단

5. 6쌍
쌍쌍이 하는 게임도 있어요. 메머드들은 2마리씩 6개 집단으로 나뉘어서 일대일 경기를 해요. 여기서 2와 6은 12의 인수예요.

6. 내 맘대로!
매머드들은 각자 좋아하는 활동을 하면서 시간을 보내요. 혼자 활동하는 12개 집단이 있는 셈이지요. 따라서 12와 1은 12의 인수예요.

41

매머드 1마리 = ?

균형 잡기

등식은 균형을 의미해요. 등식이 성립하려면 양쪽의 값이 항상 같아야 해요. 이 매머드의 시소는 등식과 같아요. 한쪽에는 매머드가 올라가 있고, 다른 쪽에는 추를 올려놓았어요. 시소는 양쪽의 무게가 똑같아야만 균형을 이룰 거예요.

등식

등식은 등호(=)가 들어 있는 수식이에요. 이 기호를 보면 등호의 왼쪽과 오른쪽 값이 언제나 같다는 것을 알 수 있지요. 즉 등호는 '같다'라는 뜻이에요. 등식은 숫자나 숫자를 대신하는 기호로 적을 수 있어요. 이를 대수라고 해요.

매머드 1마리

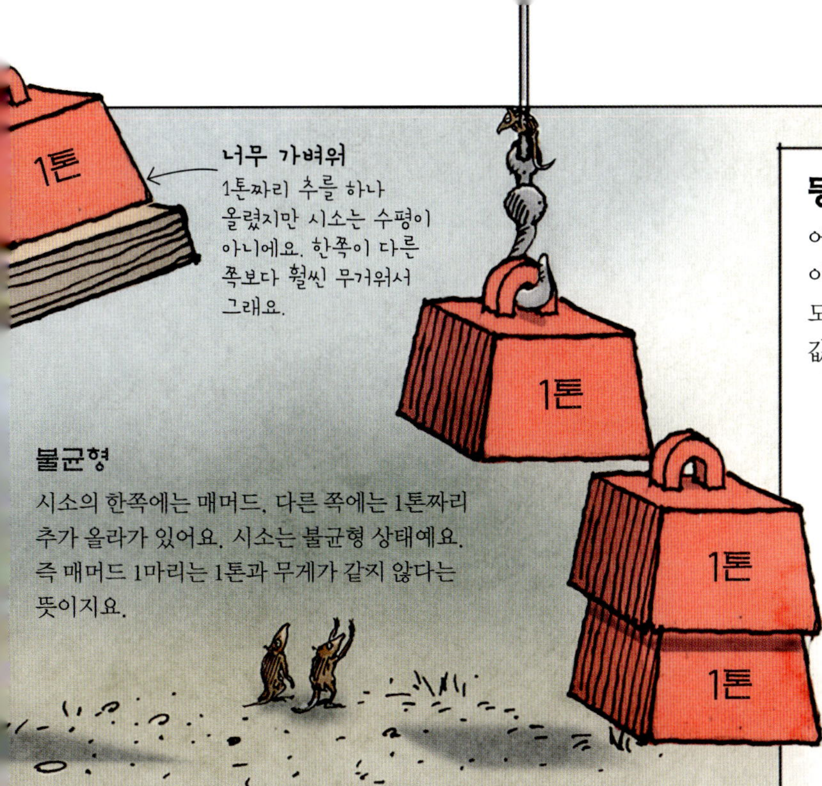

1톤
너무 가벼워
1톤짜리 추를 하나 올렸지만 시소는 수평이 아니에요. 한쪽이 다른 쪽보다 훨씬 무거워서 그래요.
1톤
1톤
1톤

불균형

시소의 한쪽에는 매머드, 다른 쪽에는 1톤짜리 추가 올라가 있어요. 시소는 불균형 상태예요. 즉 매머드 1마리는 1톤과 무게가 같지 않다는 뜻이지요.

균형

매머드 반대쪽에 추를 4개 쌓자, 시소는 균형을 이루어요. 이제 우리는 매머드 1마리의 무게가 4톤과 같다는 것을 알아요. 따라서 등식을 이렇게 쓸 수 있지요. 매머드 1마리=4톤.

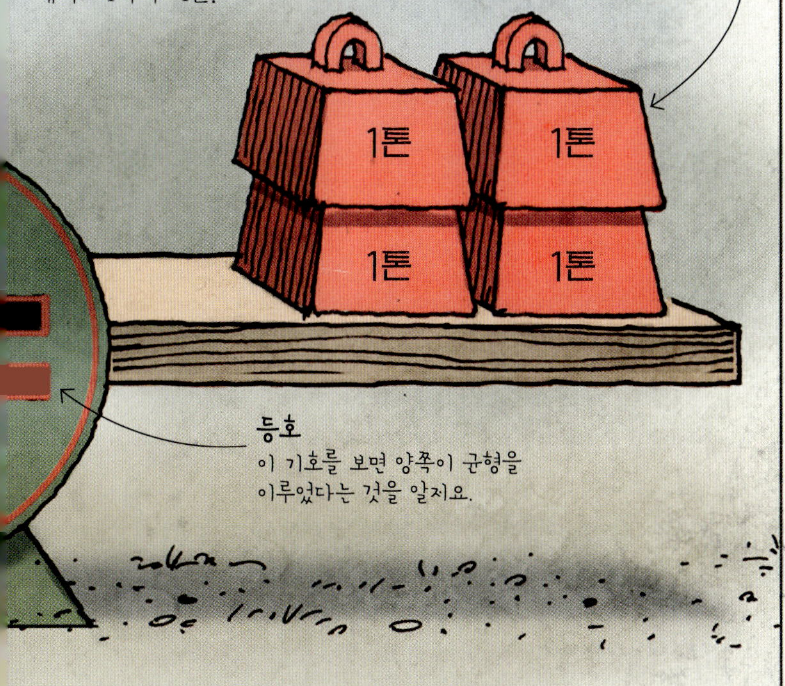

딱 맞아
4톤을 올려놓자, 시소는 수평이 됐어요. 즉 양쪽이 균형을 이루어요.
1톤
1톤
1톤
1톤
등호
이 기호를 보면 양쪽이 균형을 이루었다는 것을 알지요.

= 4톤

등식의 균형

어떤 등식에서든 양쪽의 값은 같아야 해요. 우리는 이 사실을 이용해서 아직 모르는 값을 알아낼 수 있어요. 수학에서는 모르는 값을 문자 같은 기호를 써서 나타내곤 해요. 모르는 값을 다루기가 더 쉬워지거든요.

7 + 4 = 11

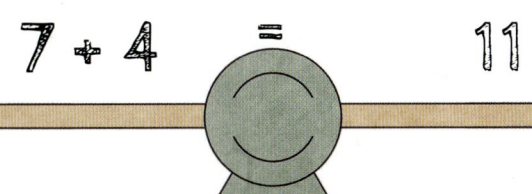

숫자 등식

이 등식에서는 모든 값이 드러나 있어요. 등호의 한쪽은 7+4이고, 다른 한쪽은 11이에요. 7과 4의 합은 11이므로 이 등식은 균형을 이루지요.

a = 3 x 6

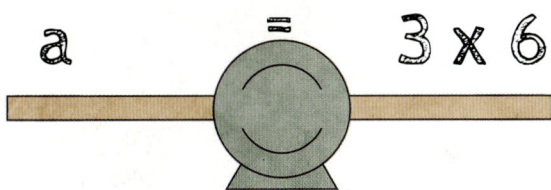

문자가 있는 등식

이 등식에는 우리가 아직 모르는 값이 있어요. 문자 'a'는 모르는 양을 나타내요. 이런 문자를 변수라고도 해요. 'a'가 어떤 수를 나타내는지 알려면, 그냥 3×6을 계산하면 돼요. 이 모르는 양은 18이 틀림없고, 따라서 등식은 균형을 이루어요.

b + 5 = 19

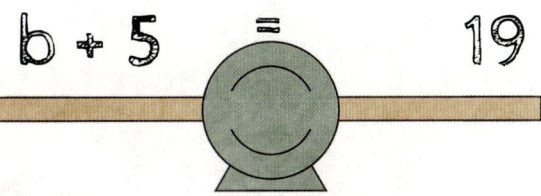

등식 재배치

모르는 값을 알기 위해서 등식을 재배치할 수도 있어요. 양쪽에 똑같은 조치를 취하는 한 등식은 여전히 균형을 이룰 거예요. 이 사례에서는 양쪽에서 5씩 뺄 수 있어요. 그러면 $b=19-5$가 되고, 오른쪽은 간단한 뺄셈이니까 답은 $b=14$가 되지요.

분수

이 세상에 정수만 있는 것은 아니에요. 더 작은 부분으로 쪼개질 수도 있어요. 이렇게 정수에서 작게 쪼갠 부분을 분수라고 해요. 분수는 무언가를 똑같은 조각으로 나눌 필요가 있을 때 아주 유용해요. 매머드가 맛있는 요리를 친구들과 나누어 먹을 때처럼요.

맛있는 파이 하나
막 오븐에서 꺼낸 온전한 파이가 1개 있어요.

똑같은 몫

매머드가 늪풀로 맛있는 파이를 구웠어요. 이제 코끼리땃쥐들에게 같은 양을 나누어 주려면 똑같은 크기의 8조각으로 나누어야 해요.

더 작은 조각으로

무언가를 똑같은 크기로 잘라서 조각을 더 많이 만들려고 할수록 각 조각의 크기는 더 작아질 거예요. 매머드의 파이를 다양한 크기로 자를 때, 분모(분수의 가로선 아래쪽에 있는 수)가 클수록 각 파이의 크기는 작아져요.

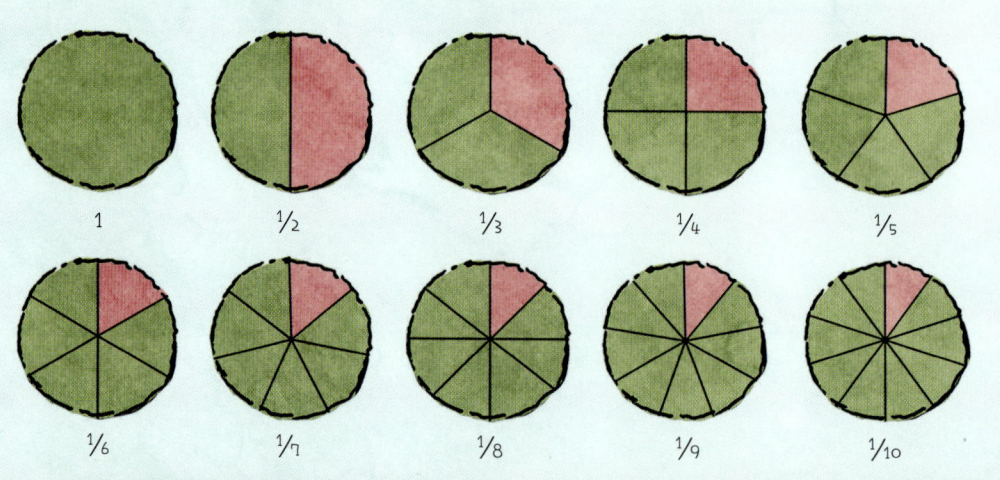

1   1/2   1/3   1/4   1/5
1/6   1/7   1/8   1/9   1/10

한 집단의 일부

분수는 아래 보이는 늪풀 파이처럼 전체의 일부를 가리킬 때도 있지만, 한 집단의 일부를 가리킬 수도 있어요. 매머드가 맛있는 늪풀 머핀을 4개 구웠어요. 4개 중 3개는 놔두고 1개는 위에 딸기 크림을 발랐어요. 따라서 전체 머핀 중 3/4은 보통 머핀이고, 1/4은 딸기 크림을 바른 머핀이에요.

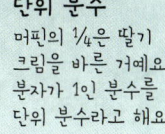

단위 분수
머핀의 1/4은 딸기 크림을 바른 거예요. 분자가 1인 분수를 단위 분수라고 해요.

머핀 4개 중 3개(3/4)에는 토핑이 없어요.

1/2로 나눈 2조각
파이를 똑같이 둘로 나누면 반쪽짜리 2개가 돼요. 배고픈 땃쥐 8마리가 먹기에는 조각이 모자라요.

1/4로 나눈 4조각
땃쥐는 파이의 크기를 똑같이 1/4씩 4조각으로 나누어요. 그래도 아직 조각이 모자라요.

1/8로 나눈 8조각
드디어 파이의 크기를 똑같이 1/8씩 8조각으로 나누었어요. 모든 땃쥐가 똑같이 자른 맛있는 파이를 먹을 수 있어요!

분자
분수의 가로선 위쪽에 있는 수를 분자라고 해요. 전체를 똑같은 크기로 나눈 조각이 몇 개인지 알려 줘요.

분모
분수의 가로선 아래쪽에 있는 수예요. 전체를 똑같이 몇 조각으로 나누었는지 알려 줘요.

분수의 종류

조각의 개수가 전체보다 적은 분수는 진분수라고 해요. 분자가 분모보다 작은 분수(45쪽 참조)는 모두 진분수지요. 그런데 분수를 써서 전체보다 더 많은 양을 나타내야 할 때도 있어요. 이런 양은 가분수나 대분수로 표시해요.

파이 파티

매머드 제빵사가 어린 매머드들에게 늪풀 파이 파티를 열어 주었어요. 모두 파이를 반쪽씩 받아요. 파이가 전부 몇 개인지 말할 때는 진분수 옆에 정수를 붙여 쓸 수도 있어요. 이를 대분수라고 해요. 아니면 분자가 분모보다 큰 가분수를 쓸 수도 있어요.

동치 분수

같은 분수를 다양한 방식으로 쓸 수도 있어요. 그런 분수들을 동치 분수라고 해요. 서로 다르게 보이지만 값은 똑같다는 뜻이에요. 아래 사례에서 $4/12$는 $2/6$, 이어서 $1/3$로 약분할 수 있어요. 분자와 분모를 똑같이 2로 나누고, 다시 또 2로 나눈 거예요.

대분수

매머드가 온전한 파이 2개와 반쪽짜리 파이 1개를 오븐에서 꺼내요. 파이의 양은 '온전한 두 개와 반 개', 즉 '두 개 반'이라고 말할 수 있어요. 대분수로 적으면 $2\frac{1}{2}$이에요.

분자가 분모보다 커요

온전한 파이 2개를 각각 반으로 나누면, 반쪽짜리 파이가 총 5개가 돼요. 분수로 $5/2$라고 적을 수 있어요. 온전한 것들을 반으로 나눈 조각이 5개 있다는 뜻이에요.

소수

소수는 수를 쪼갠 부분을 적는 방법 중 하나예요. 소수를 써서 0과 1 사이에 있는 값, 즉 두 정수 사이의 값을 나타낼 수 있어요. 예를 들어, 5.6은 5와 6 사이에 있어요. 5보다 크고 6보다 작지요.

소수 읽는 법
소수점의 왼쪽에 있는 수는 다 정수예요. 소수점의 오른쪽에 있는 수는 1보다 작아서 소수 부분이라고 하지요. 소수점에서 오른쪽으로 갈수록 더 작은 값이 나와요.

이 땃쥐의 몸무게는 0.18kg이에요. 소수를 쓰면 정수만 쓸 때보다 더 정확히 표현할 수 있어요.

소수점

작은 호박
가장 몸집이 큰 선수가 내놓은 호박이 가장 작아요. 안타깝네요, 매머드.

수 비교하기
가장 큰 자릿값의 숫자들을 먼저 비교해요. 여기서 가장 중요한 숫자는 1이에요. 3이나 9보다는 작으니까, 가장 가벼운 호박이지요.

소수점 아래 둘째 자리가 비었어요
이 호박의 무게는 3.60kg이에요. 마지막의 '0'은 소수점 아래 둘째 자리에 아무것도 없다는 뜻이에요. 따라서 3.6이라고 써도 돼요.

가장 무거운 호박 경연 대회 우승자

누가 생산한 호박이 가장 무거울까요? 결승에 오른 세 호박의 무게가 디지털 저울에 나와요. 각 저울에 호박이 몇 킬로그램인지, 나머지 1킬로그램보다 작은 부분이 얼마인지 표시되어 있어요. 각 수의 가운데 점은 소수점이에요. 점의 왼쪽은 정수 부분이고 오른쪽은 소수 부분이에요.

분수의 변장

소수점 아래에 숫자를 쓰는 것은 분수를 표현하는 다른 방법이에요. 소수를 자릿값에 따라 표시하면, 그렇다는 것을 알 수 있어요(자릿값은 14–15쪽 참조). 소수점 앞쪽으로 갈수록 한 자리마다 10배씩 값이 커져요. 소수점 뒤쪽으로 갈수록 한 자리마다 10배씩 작아져요.

1의 자리	10등분한 자리	100등분한 자리	1000등분한 자리
1	1/10	1/100	1/1000
0.	8	0	0

숫자 '8'은 10등분한 자리에 있으므로, 0.8은 8/10과 같아요.

1의 자리	10등분한 자리	100등분한 자리	1000등분한 자리
1	1/10	1/100	1/1000
0.	0	8	0

숫자 '8'은 100등분한 자리에 있으므로, 0.08은 8/100과 같아요.

정말 커요!
이 코끼리땃쥐는 엄청나게 큰 호박을 내놓아서 우승을 차지했어요.

9.63

소수점 아래 첫째 자리 (10등분한 자리)
'6'은 0.6, 즉 6/10을 뜻해요.

소수점 아래 둘째 자리 (100등분한 자리)
'3'은 0.03, 즉 3/100을 뜻해요.

백분율

백분율은 어떤 양을 100개 중 몇 개인지로 표현하는 방식이에요. 단위는 퍼센트예요. 1퍼센트는 '100분의 1'이라는 뜻이에요. 백분율은 양을 서로 비교하는 아주 유용한 방법이에요. 백분율의 단위인 퍼센트는 기호 '%'로 적어요.

발사 준비

한 용감한 매머드가 우주로 떠나는 광경을 지켜보기 위해서 코끼리땃쥐들이 모였어요. 땃쥐 관중은 모두 100마리예요. 그래서 백분율을 구하기가 쉬워요. 그런데 백분율은 로켓의 세 부분의 길이처럼, 온갖 양을 비교할 때도 쓸 수 있어요. 그냥 총 길이를 100으로 나눈 뒤, 각 부분이 얼마를 차지하는지 비교하는 거예요.

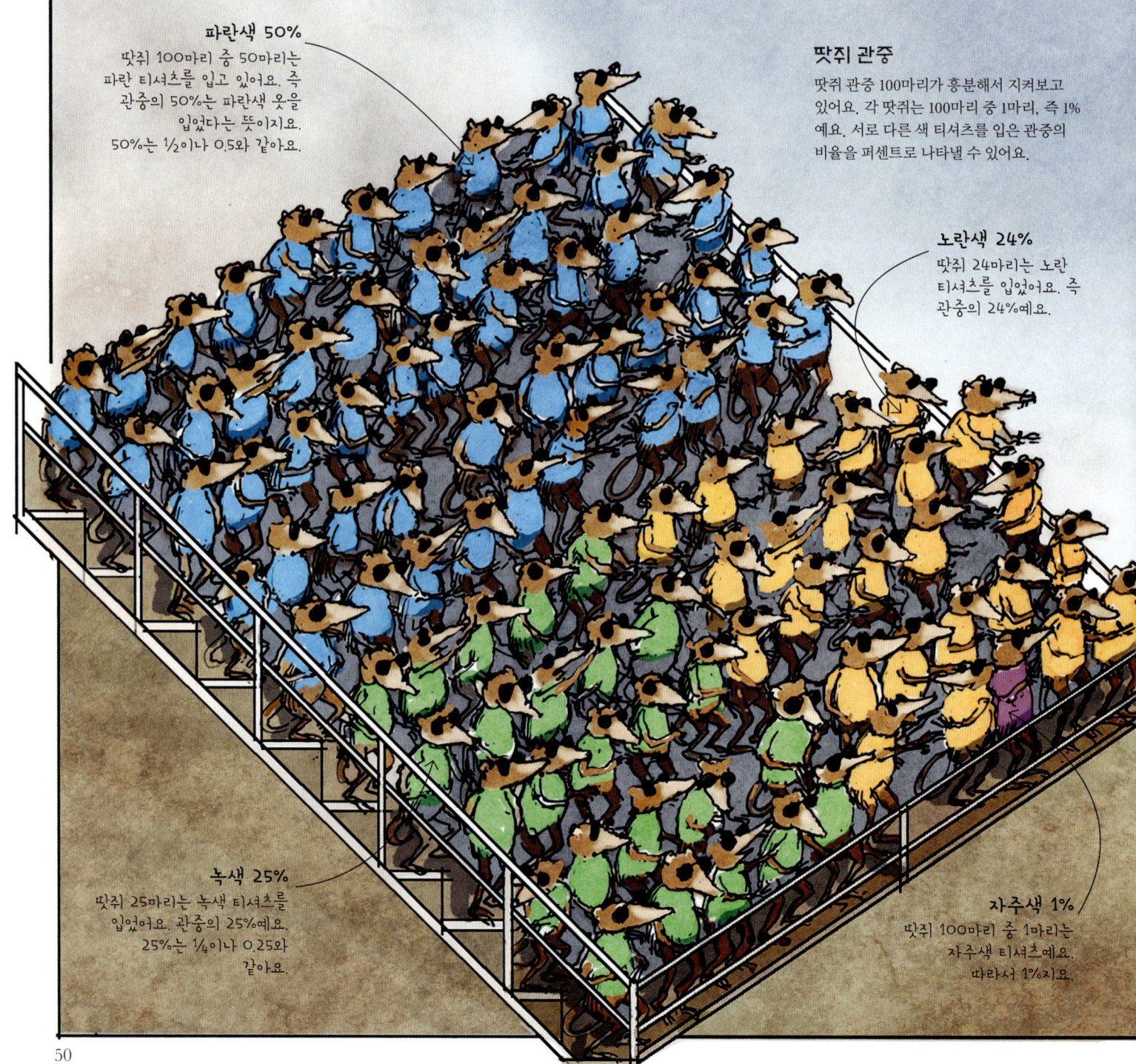

파란색 50%
땃쥐 100마리 중 50마리는 파란 티셔츠를 입고 있어요. 즉 관중의 50%는 파란색 옷을 입었다는 뜻이지요. 50%는 1/2이나 0.5와 같아요.

땃쥐 관중
땃쥐 관중 100마리가 흥분해서 지켜보고 있어요. 각 땃쥐는 100마리 중 1마리, 즉 1%예요. 서로 다른 색 티셔츠를 입은 관중의 비율을 퍼센트로 나타낼 수 있어요.

노란색 24%
땃쥐 24마리는 노란 티셔츠를 입었어요. 즉 관중의 24%예요.

녹색 25%
땃쥐 25마리는 녹색 티셔츠를 입었어요. 관중의 25%예요. 25%는 1/4이나 0.25와 같아요.

자주색 1%
땃쥐 100마리 중 1마리는 자주색 티셔츠예요. 따라서 1%지요.

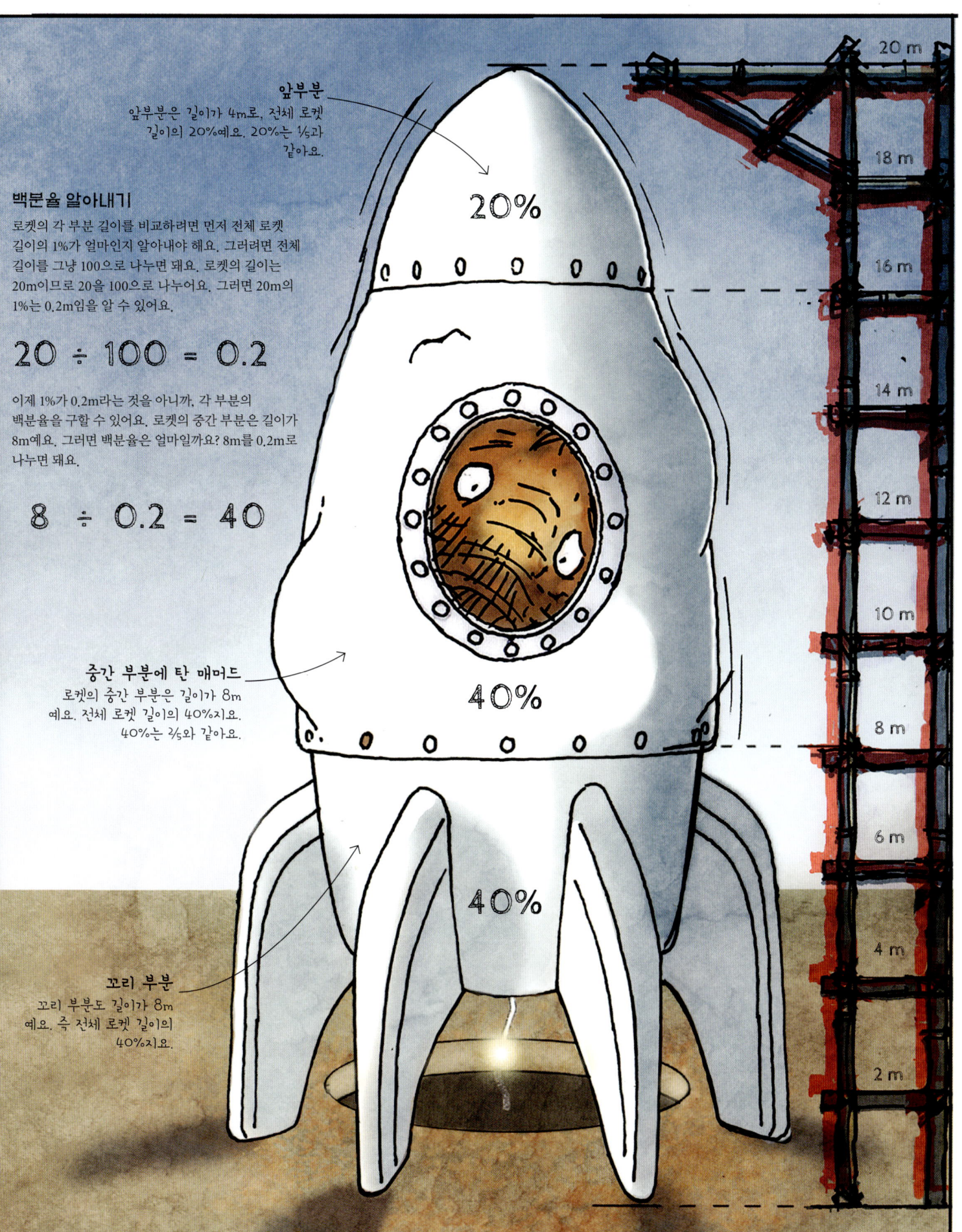

앞부분
앞부분은 길이가 4m로, 전체 로켓 길이의 20%예요. 20%는 1/5과 같아요.

20%

백분율 알아내기
로켓의 각 부분 길이를 비교하려면 먼저 전체 로켓 길이의 1%가 얼마인지 알아내야 해요. 그러려면 전체 길이를 그냥 100으로 나누면 돼요. 로켓의 길이는 20m이므로 20을 100으로 나누어요. 그러면 20m의 1%는 0.2m임을 알 수 있어요.

$$20 \div 100 = 0.2$$

이제 1%가 0.2m라는 것을 아니까, 각 부분의 백분율을 구할 수 있어요. 로켓의 중간 부분은 길이가 8m예요. 그러면 백분율은 얼마일까요? 8m를 0.2m로 나누면 돼요.

$$8 \div 0.2 = 40$$

중간 부분에 탄 매머드
로켓의 중간 부분은 길이가 8m예요. 전체 로켓 길이의 40%지요. 40%는 2/5와 같아요.

40%

40%

꼬리 부분
꼬리 부분도 길이가 8m예요. 즉 전체 로켓 길이의 40%지요.

비

두 수나 양을 비교하는 데 딱 맞는 수학 도구는 바로 비예요.
비는 한 양이 다른 양보다 얼마나 크거나 작은지 보여 주는 방식이에요.
예를 들어 볼게요. 여기 유행에 민감한 매머드들이 색을 섞고 있어요.
각 물감을 어느 정도씩 섞을지 알아야겠지요?

1대1
먼저 파란 물감 한 통을 빨간 물감 한 통과 섞어요. 파랑과 빨강의 비는 1대1이에요. 두 수의 비를 적을 때는 가운데에 쌍점을 써서 표시해요. 1:1로요.

1대2
땃쥐들이 빨간 물감을 한 통 더 부었어요. 이제 파랑 대 빨강의 비는 1대2, 즉 1:2가 되지요.

1대3
빨간 물감을 한 통 더 섞자 마침내 완벽한 자주색이 나왔어요. 파랑 대 빨강의 비는 1대3, 즉 1:3이 되었지요.

뒤섞기

땃쥐들은 원하는 자주색이 나올 때까지 양동이에 파랑과 빨강 물감을 섞고 있어요. 원하는 색이 나올 때까지 빨간 물감을 계속 더 넣어요. 그렇게 해서 파랑 대 빨강의 비를 바꾸어요.

알맞은 비

이 계절의 최신 유행 색조인 '우아한 포도색'을 모두가 원해요. 먼저 코끼리땃쥐들은 파란 물감과 빨간 물감을 알맞은 양으로 섞어서 완벽한 자주색을 만들어야 해요. 매머드의 수영장을 채우려면 물감이 더 많이 필요하겠지만, 물감들의 비는 똑같이 유지해야 해요. 그렇지 않으면 수영장 파티에 딱 어울리는 자주색이 나오지 않을 거예요.

자주색 수영장 파티
매머드들과 땃쥐들이 자주색 수영장 물속에 들어갔다 나온 뒤 멋진 색으로 물든 몸을 뽐내며 행진해요.

더 만들기
수영장을 채우려면 파란 물감 10통과 빨간 물감 30통이 필요해요. 비가 10:30이지요. 양쪽 수를 10으로 나누어 약분하면, 10:30은 1:3과 같아요. 즉 파란 물감을 1통 넣을 때마다 빨간 물감은 3통 넣어요.

예쁜 자주색
자주색은 매머드가 좋아하는 색이에요. 파란색이나 빨간색보다 더 좋아해요.

파란 물감 10통
수영장을 채우려면 양동이를 채울 때보다 더 많은 물감이 필요해요. 파란색과 빨간색의 비는 그대로 유지하면서요.

비율
비율은 어떤 양을 그것이 속한 전체 양과 비교하는 거예요. 전체 중에서 특정 부분이 얼마나 차지하는지를 말해요. 예를 들어 볼까요. 땃쥐들이 파란 물감 10통과 빨간 물감 30통을 부어서 수영장을 가득 채웠어요. 모두 40통을 부은 거죠. 따라서 40통 중 10통은 파란 물감이에요. 분수로 쓰면 10/40이고, 약분하면 수영장 물감의 1/4이 파란색이라는 뜻이지요. 빨간 물감의 비율은 얼마나 될까요?

물감의 1/4은 파란색이에요.

정답은 160쪽에 있어요.

축소

사진은 실제 있는 대상을 축소해서 화면에 담는 거예요. 작지만 비율은 똑같아요. 이 매머드의 키가 300cm인데 찍힌 사진은 높이 12cm인 화면에 담긴다고 해 봐요. 300 나누기 12는 25이지요. 따라서 배율은 25예요. 화면에 보이는 모든 부위는 실제 매머드 크기의 1/25로 줄어들었어요.

확대와 축소

부분들의 비율을 그대로 유지하면서 무언가를 더 크게 하거나 작게 하는 것을 확대와 축소라고 해요. 모든 부위들을 같은 양으로 늘리거나 줄인다는 뜻이에요. 무언가를 확대하려면 길이와 폭 같은 측정값들에 특정 수를 곱해요. 무언가를 축소하려면 측정값들을 특정 수로 나누어요.

확대
조각상의 키는 앉아 있는 땃쥐의 키보다 4배 커요.

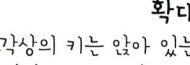

배율

대상을 곱하거나 나누는 데 쓰인 수를 배율이라고 해요. 배율을 구하려면, 땃쥐와 조각상의 키를 재요. 조각상이 땃쥐보다 4배 크므로, 배율은 4예요.

조각 모델
코끼리땃쥐가 꼼짝 않고 자세를 취하고 있어요. 조각 작품의 모델이거든요!

확대 조각상

매머드는 땃쥐를 실물보다 훨씬 크게 조각하고 있어요. 의자에 앉아 있는 땃쥐는 키가 25cm예요. 매머드는 키 100cm짜리 조각상을 만들고 있어요. 따라서 조각상의 모든 부위는 실제 땃쥐보다 4배 더 클 거예요.

줄자로 재기
땃쥐의 모든 부위를 4배로 늘려야 조각상의 비율을 유지할 수 있어요.

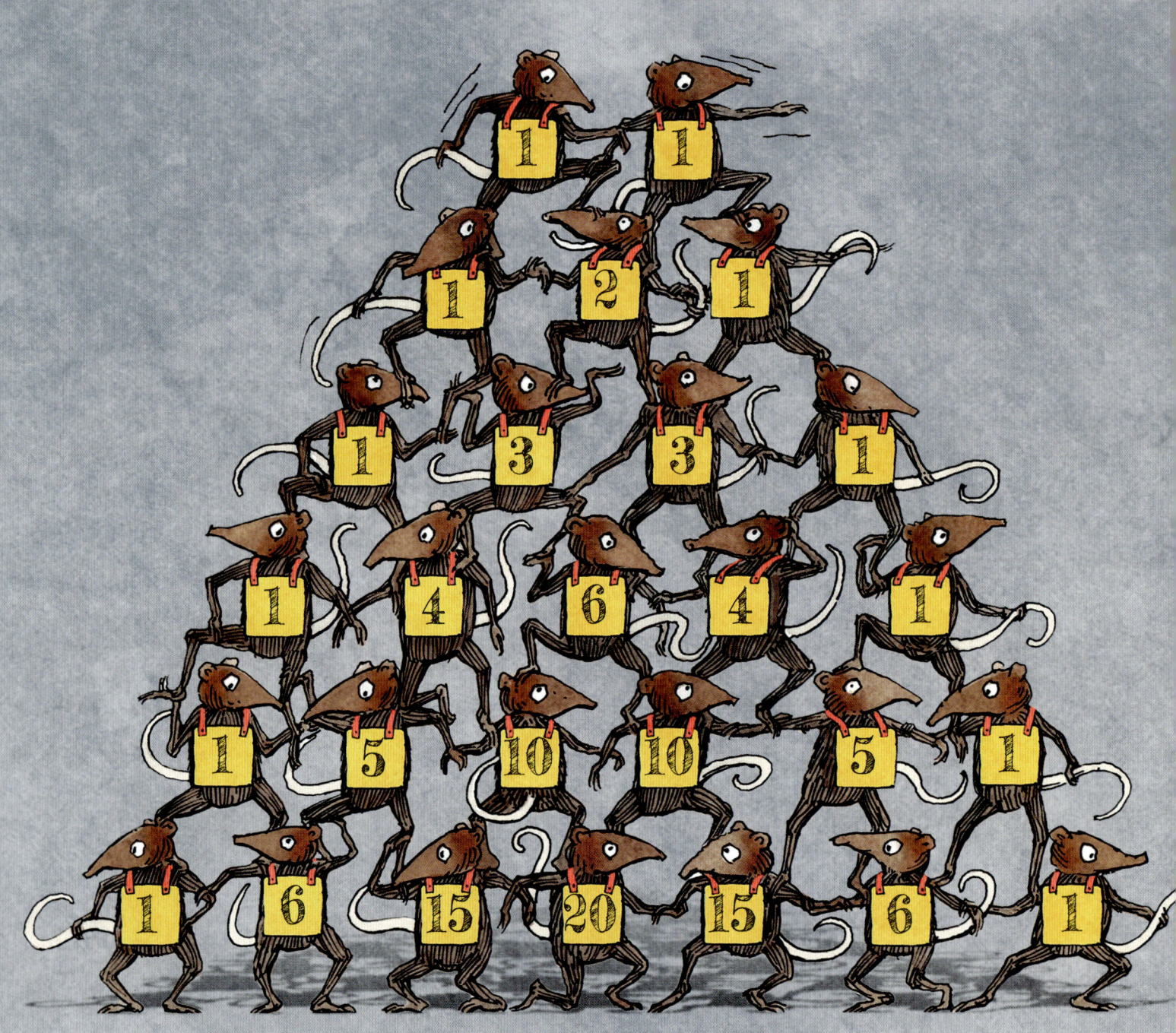

재미있는 패턴과 놀라운 수열

수열

수학의 모든 장면에는 패턴이 나타나요. 아무리 제멋대로인 것처럼 보이는 모양과 수의 집합에서도 드러나지요. 수나 모양을 어떤 순서에 따라 늘어놓으면 서열이 생겨요. 숫자의 서열을 수열이라고 해요. 각각의 수나 모양을 항이라고 하고, 그들이 따르는 패턴을 규칙이라고 해요.

빨랫줄

매머드는 빨래를 다양한 순서로 널어서 지루한 허드렛일을 더 재미있게 해요. 매번 규칙을 달리하면서요. 서열은 덧셈, 뺄셈, 곱셈, 나눗셈이나 이들의 갖가지 조합을 토대로 만들 수 있어요.

모양 서열
모직물들의 모양별 서열이 생겼어요. 양말, 모자, 양말, 장갑 두 짝, 다시 양말로 시작해서 장갑 두 짝으로 끝나는 서열이 반복돼요.

규칙 지키기
셔츠의 번호는 2씩 숫자가 늘어나요.

수열
셔츠는 뒤로 갈수록 적힌 숫자가 2씩 늘어나요. 따라서 이 수열의 규칙은 '각 항에 2를 더하면 다음 항이 나온다'예요. 이 수열은 이렇게 적지요. 2, 4, 6, 8…… 각 항은 쉼표로 구분하고요. 마지막의 말줄임표는 서열이 계속 이어진다는 뜻이에요.

이 뺄셈 서열에서 다음 셔츠에 적힌 숫자는 무엇일까요? 정답은 160쪽에 있어요.

서열에 덧붙이기

어떤 서열이든 간에 규칙을 알아내면 다음 항, 또 그다음 항이 무엇인지 찾을 수 있어요. 서열에서 첫 번째 수를 1번째 항이라고 해요. 아직 모르는 항은 n번째 항이라고 하지요. 'n'은 아직 알아내지 못한 값을 뜻해요. 이 도형들의 서열에서 규칙은 '모양에 변을 하나 더하면 다음 항이 나온다'예요. 이 규칙을 써서 n번째 항이 어떤 도형인지 알아낼 수 있나요?

첫 번째 도형은 변이 3개예요.

1번째 항   2번째 항   3번째 항   4번째 항

7번째 도형은 변이 9개예요.

5번째 항   6번째 항   7번째 항   n번째 항

다음은 뭘까요?
우리는 규칙을 써서 8 다음의 항이 10임을 알 수 있어요. 10 다음의 5개 항도 알아낼 수 있나요?

+2

소수

소수는 1보다 큰 정수이면서, 자기 자신과 1을 제외한 다른 정수로 나눌 수 없는 수예요. 이런 특수한 수는 다른 모든 수들의 기본 구성단위라고도 해요. 그런데 어떤 수가 소수인지 어떻게 알까요? 매머드들이 소수를 알아내기 위해서 아예 장치를 만들었어요.

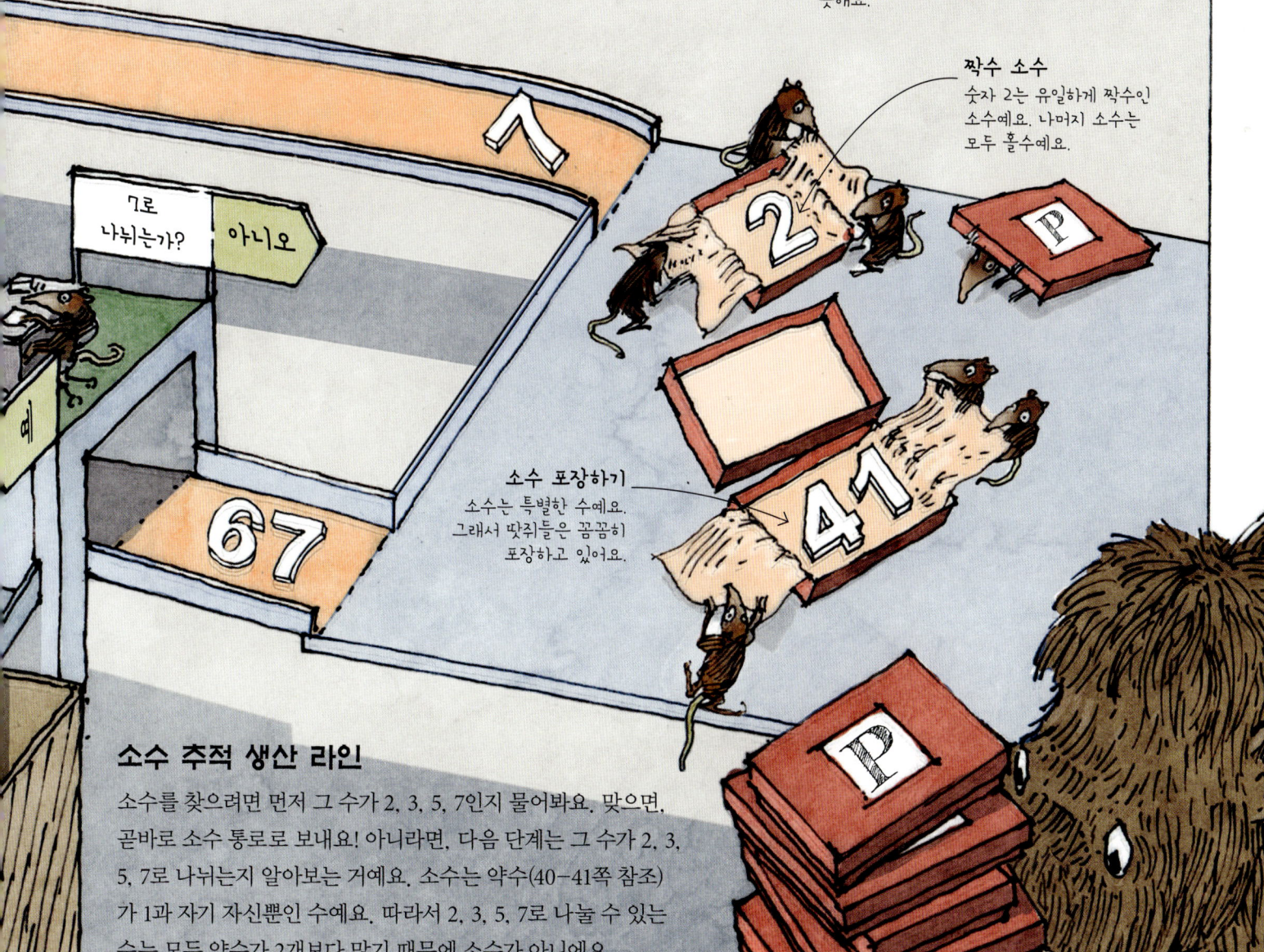

패턴 없음
이 표에는 100까지의 숫자 중 모든 소수가 분홍색으로 표시되어 있어요. 그런데 패턴이 전혀 보이지 않아요. 소수는 제멋대로 나오는 듯해요.

짝수 소수
숫자 2는 유일하게 짝수인 소수예요. 나머지 소수는 모두 홀수예요.

소수 포장하기
소수는 특별한 수예요. 그래서 땃쥐들은 꼼꼼히 포장하고 있어요.

소수 추적 생산 라인

소수를 찾으려면 먼저 그 수가 2, 3, 5, 7인지 물어봐요. 맞으면, 곧바로 소수 통로로 보내요! 아니라면, 다음 단계는 그 수가 2, 3, 5, 7로 나뉘는지 알아보는 거예요. 소수는 약수(40–41쪽 참조)가 1과 자기 자신뿐인 수예요. 따라서 2, 3, 5, 7로 나눌 수 있는 수는 모두 약수가 2개보다 많기 때문에 소수가 아니에요.

제곱수

어떤 정수에 자기 자신을 곱하면 제곱수가 나와요. 3에 3을 곱하면 9가 되는데, 이때 9를 3의 제곱이라고 하지요. 제곱수는 각 수를 변의 길이로 삼은 정사각형을 써서 보여 줄 수도 있어요. 제곱수는 위첨자를 써서 3^2처럼 적기도 해요.

감자 도장 찍기

코끼리땃쥐들이 양 끝 면이 정사각형인 사각기둥 모양으로 감자를 자르느라 바빠요. 매머드는 이 감자 도장을 써서 제곱수 수열을 찍고 있어요. 찍힌 정사각형의 수를 세면 각 제곱수의 값을 알 수 있어요.

감자 도장
솜씨 좋게 자른 이 감자 칩은 정사각형 모양의 도장을 찍기에 딱 좋아요.

$1^2 = 1$

1
1에 자기 자신을 곱한 값도 1이에요. 그래서 매머드는 파란 정사각형을 1개 찍어요.

$2^2 = 4$

2 곱하기 2
매머드는 2×2를 나타내기 위해서 파란 정사각형을 2개씩 2줄로 찍어요.

$3^2 = 9$

3 곱하기 3
3개씩 3줄이면, 3×3이므로 9예요.

세제곱수

세제곱수는 자기 자신을 한 번 곱한 뒤, 한 번 더 곱해서 나온 수예요. 첫 번째 세제곱수($1 \times 1 \times 1$)는 가로, 세로, 높이가 모두 1인 정육면체와 같아요. 두 번째 세제곱수 ($2 \times 2 \times 2$)는 첫 번째 정육면체를 가로, 세로, 높이 모두 2개씩 쌓은 것과 같아요.

정육면체 만들기

매머드가 차를 마시면서 쉬는 동안, 땃쥐들은 각설탕을 만드느라 바빠요. 설탕 덩어리를 작은 정육면체로 깎은 뒤에 차곡차곡 쌓아서 점점 더 큰 정육면체를 만들고 있어요.

정육면체 서열

땃쥐는 세제곱수의 수열을 보여 주기 위해서 각설탕들을 이렇게 배열했어요. 가로, 세로, 높이 방향으로 각설탕을 하나씩 늘려 쌓으면 세제곱수의 수열이 돼요. 세제곱수는 위첨자를 써서 나타내요. 1^3처럼요.

단위
각설탕 하나는 한 단위를 뜻해요.

1^3
이 각설탕은 가로, 세로, 높이가 단위 길이예요.
$1 \times 1 \times 1 = 1$

2^3
이 각설탕은 가로, 세로, 높이가 2단위예요.
$2 \times 2 \times 2 = 8$

3^3
이 각설탕은 가로, 세로, 높이가 3단위예요.
$3 \times 3 \times 3 = 27$

4^3
이 각설탕을 다 쌓으면 가로, 세로, 높이가 4단위가 될 거예요.
$4 \times 4 \times 4 = 64$

지수

세제곱수를 가리키는 위첨자 3을 지수라고 해요. 지수는 같은 수를 계속 곱하는 거듭제곱을 몇 번 했는지 보여 주는 간편한 방법이지요. 같은 수를 두 번 곱한 수를 제곱수라고 하고, 지수는 2예요.
$2 \times 2 = 2^2$

같은 수를 세 번 곱한 수는 세제곱수이고, 지수는 3이지요.
$2 \times 2 \times 2 = 2^3$

$5^3 = 5 \times 5 \times 5$

5를 세 번 곱하면, 지수가 3이에요.

$= 125$

여기서 지수는 10이에요. 위의 값에서 7번 더 곱했을 뿐인데 900만을 넘었어요!

$5^{10} = 5 \times 5 \times 5 \times 5 \times 5 \times 5 \times 5 \times 5 \times 5 \times 5$

$= 9,765,625$

피보나치수열

수학에는 아주 재미있는 수열이 있어요. 바로 13세기 이탈리아 수학자의 이름을 딴 피보나치수열이에요. 이 수열은 앞의 두 수를 더한 것이 다음 수가 되는데, 나선을 그릴 때 이용할 수 있어요. 땃쥐들도 알았나 봐요.

1+1 1+2 2+3 3+5 5+8 8+13 13+21

1 1 2 3 5 8 13 21 34...

↳ 수열은 1에서 시작해요.

특수한 나선

매머드 코의 구부러진 모양을 보고 힌트를 얻은 땃쥐들은 피보나치수열을 써서 높이 솟은 카트 경주로를 만들기로 했어요. 나선 모양을 만들기 위해서 먼저 수열을 정사각형으로 바꾸어요. 수열의 각 항을 정사각형의 한 변 길이로 삼는 거예요.

1단계

수열의 첫 번째 항은 1이에요. 땃쥐가 정사각형 판 하나를 바닥에 놓아요. 그리고 마주보는 두 꼭짓점을 잇는 사분원을 그려요. 사분원은 원의 ¼이에요.

2단계

수열의 2번째 항도 1이니까, 땃쥐가 정사각형 판을 하나 더 옆에 붙여요. 3번째 항은 한 변의 길이가 2인 정사각형이 되지요.

2번째 정사각형
2번째 항은 1이므로, 정사각형 판을 하나 덧붙여요.

나선 그리기
사각형을 추가할 때마다 땃쥐는 마주보는 꼭짓점들을 잇는 사분원을 그려요.

3단계

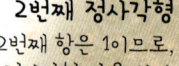

격자가 커지기 시작해요. 다음 항은 3이잖아요. 땃쥐들은 판들을 계속 붙여서 한 변의 길이가 3인 정사각형을 만들어야 해요.

↳ 새로 만들어지는 정사각형의 변 길이는 바로 앞의 두 항을 더한 값과 같아요.

점점 더 크게
다음 항은 5이므로, 판들을 붙여서 한 변의 길이가 5인 정사각형을 만들어요.

끝없는 수열
땃쥐들은 정사각형을 끝없이 덧붙일 수 있어요. 피보나치수열은 무한해요!

4단계
땃쥐들이 정사각형을 계속 덧붙여요. 새 정사각형의 변 길이는 앞의 두 정사각형의 변 길이를 더한 것과 같아요. 이윽고 거대한 피보나치 나선이 그려졌어요. 멋진 놀이기구를 만들 완벽한 설계도예요.

신나는 비탈길
땃쥐들이 카트를 타고 비탈길을 내려가요. 피보나치 나선은 온갖 곳에 쓰여요. 자연에도 있지요. 고둥의 껍데기와 해바라기에 맺히는 씨에서도 이 나선이 나타나요.

마법의 도형

수들을 특정한 모양으로 배치하면 신기한 규칙이 나타나기도 해요. 삼각진(마법 삼각형)이 대표적이에요. 삼각형의 각 변에 놓인 수들을 더하면, 가운데 있는 수가 나오지요. 수들을 어떻게 놓아야 할까요?

당구를 해요

매머드들이 잔디밭에서 당구를 하고 있는데, 땃쥐들이 삼각진을 만들겠다고 공을 빌려 달래요. 그래서 매머드들은 새로운 게임을 하기로 했어요. 몇 번 공을 어느 구멍에 넣을지 알아맞히는 거예요.

구멍 파기
땃쥐들이 삼각진 퍼즐을 만들기 위해서 잔디밭에 구멍을 파요.

꼭짓점
삼각형의 위쪽 꼭짓점에는 5, 아래쪽 꼭짓점에는 9가 들어가 있어요. 따라서 오른쪽 변의 수들을 더하면 이미 14예요.

빈 구멍 채우기
땃쥐가 앞의 구멍으로 7을 굴려 넣으면 바닥 변의 수들을 더한 값은 17이 돼요. 20이 되려면 빈 구멍에는 어떤 공을 넣어야 할까요?

마방진

삼각진만 이런 알쏭달쏭한 패턴을 보여 주는 것이 아니에요. 마방진에서는 가로줄, 세로줄, 대각선에 놓인 수들을 더할 때 모두 같은 값이 나와요. 또 구석의 네 수를 더한 값과 중앙의 네 수를 더한 값도 같아요. 마방진을 4천여 년 전 어느 중국 황제가 발견했다는 전설도 있어요.

마법의 합 찾기

아래 마방진에서 마법의 합은 34예요. 1에서 16까지의 각 수를 한 번씩만 써서 가로줄, 세로줄, 대각선에 놓인 수들을 더하면 모두 34가 나와요.

16	3	2	13
5	10	11	8
9	6	7	12
4	15	14	1

네 구석에 있는 수들을 더한 값도 34예요.

마방진 풀이

빠진 수들을 채워서 이 마방진을 풀 수 있나요? 마법의 수는 111이고, 1에서 36까지의 수를 한 번씩만 써야 해요. 빠진 수가 하나만 있는 줄에서 시작해요.

	18				23
	25		27	22	31
34	9	1	10		21
6		30	28		16
	14	29	8	20	
		15	35	17	13

정답은 160쪽에 있어요.

20을 만들어요

이 삼각진의 중심에 있는 수는 20이에요. 공들을 구멍에 넣어서 삼각형의 각 변에 있는 수들의 합이 20이 되게 할 수 있나요? 각 수는 한 번씩만 쓸 수 있어요. 땃쥐들이 이미 공 3개를 넣었네요.

파스칼 삼각형

수열이 꼭 한 가지 규칙만 따를 필요는 없어요. 때로 한 수열에 여러 규칙이 들어 있기도 해요. 찾아낼 수 있다면요! 이 수 피라미드에는 다양한 수열이 들어 있어요. 프랑스 수학자 블레이즈 파스칼의 이름을 따서 파스칼 삼각형이라 부르지요. 하지만 수학자들은 적어도 1천여 년 전부터 이 피라미드를 알고 있었어요.

알쏭달쏭한 피라미드

이 땃쥐들은 곡예를 부려서 파스칼 삼각형을 만들었어요. 가로줄은 모두 1로 시작해서 1로 끝나요. 나머지 수들은 바로 윗줄의 양쪽 수를 더한 값이에요.

가로줄
위에서부터 가로줄의 수들을 차례로 더하면 다음 수열이 나와요. 1, 2, 4, 8, 16, 32, 64…… 어떤 패턴인지 알아볼 수 있나요?
(정답은 160쪽.)

끝없는 피라미드
이 삼각형은 무한해요. 줄을 계속 덧붙일 수 있고, 수열은 끝없이 이어지지요!

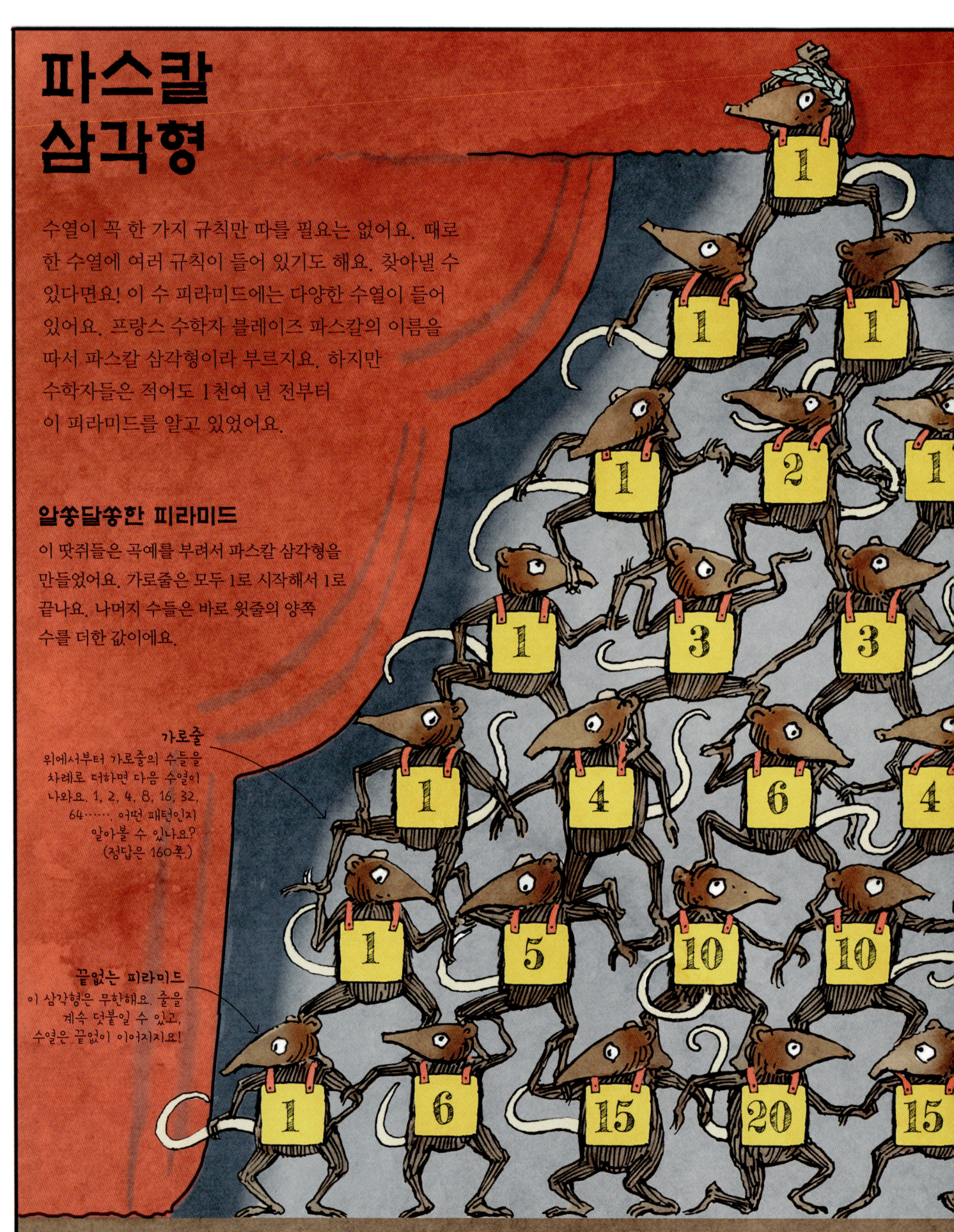

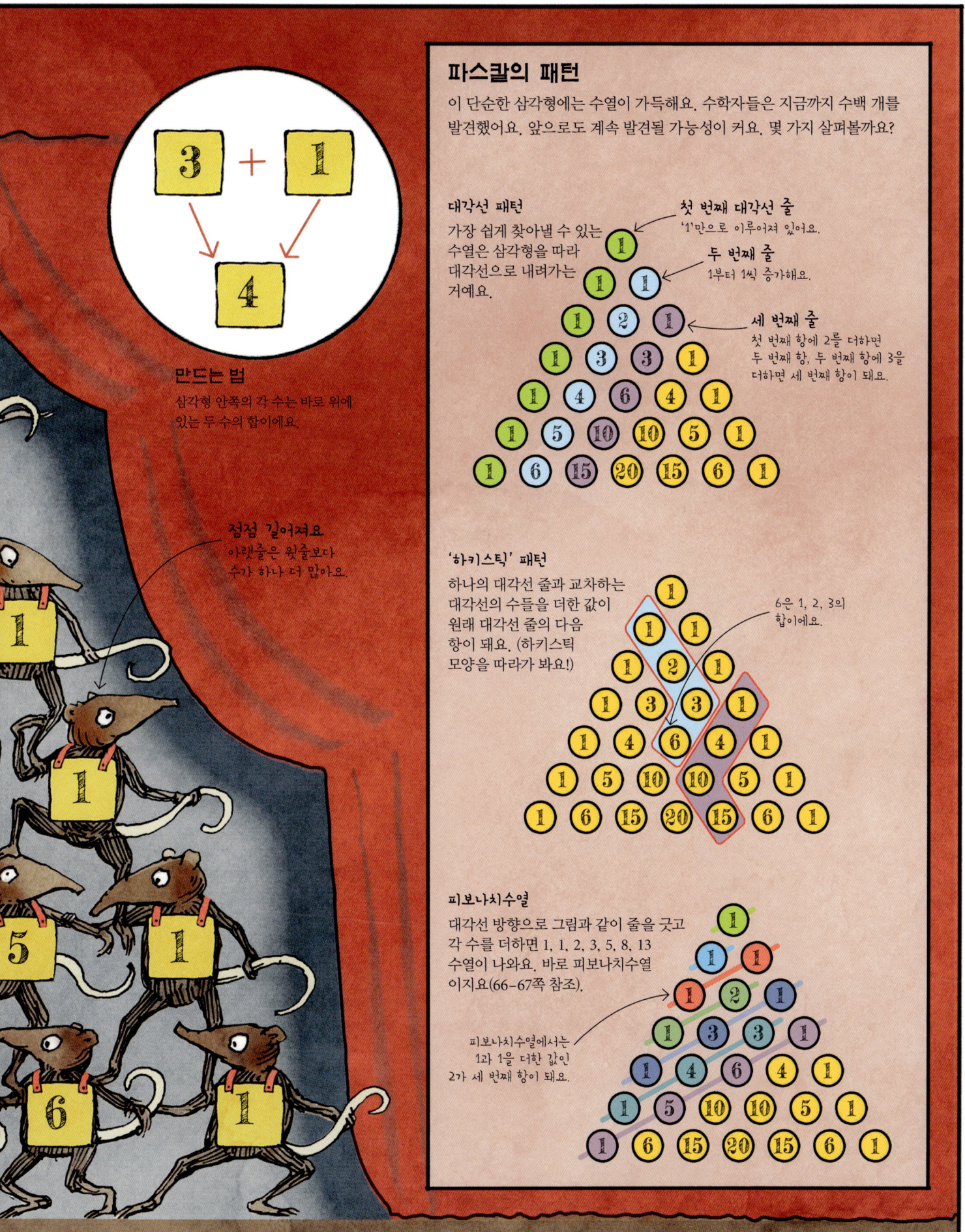

파스칼의 패턴

이 단순한 삼각형에는 수열이 가득해요. 수학자들은 지금까지 수백 개를 발견했어요. 앞으로도 계속 발견될 가능성이 커요. 몇 가지 살펴볼까요?

대각선 패턴
가장 쉽게 찾아낼 수 있는 수열은 삼각형을 따라 대각선으로 내려가는 거예요.

첫 번째 대각선 줄
'1'만으로 이루어져 있어요.

두 번째 줄
1부터 1씩 증가해요.

세 번째 줄
첫 번째 항에 2를 더하면 두 번째 항, 두 번째 항에 3을 더하면 세 번째 항이 돼요.

'하키스틱' 패턴
하나의 대각선 줄과 교차하는 대각선의 수들을 더한 값이 원래 대각선 줄의 다음 항이 돼요. (하키스틱 모양을 따라가 봐요!)

6은 1, 2, 3의 합이에요.

피보나치수열
대각선 방향으로 그림과 같이 줄을 긋고 각 수를 더하면 1, 1, 2, 3, 5, 8, 13 수열이 나와요. 바로 피보나치수열이지요(66–67쪽 참조).

피보나치수열에서는 1과 1을 더한 값인 2가 세 번째 항이 돼요.

만드는 법
삼각형 안쪽의 각 수는 바로 위에 있는 두 수의 합이에요.

점점 길어져요
아랫줄은 윗줄보다 수가 하나 더 많아요.

암호 초청장

두건을 뒤집어쓴 땃쥐가 암호 회전판을 돌려서 안쪽 고리의 A를 바깥쪽 고리의 E와 맞추어요. 이제 각 문자는 영어 알파벳 순서에서 4칸 더 뒤쪽에 있는 문자로 바뀌지요. 이렇게 암호화한 문장을 한밤중에 보내요.

암호화한 문장

규칙을 알면 문장을 해독할 수 있지만, 모르는 사람에게는 아무렇게나 끼적거린 것처럼 보여요.

비둘기 집배원

매머드가 자는 동안 암호화한 초청장을 보내요.

해독 열쇠

수신자는 암호를 해독하기 위해 문자를 보낸 땃쥐와 똑같은 방식으로 두 알파벳을 맞추어야 해요.

유용한 회전판

땃쥐는 '원래의 문자를 4칸 뒤의 문자로 바꾸기'라는 단순한 규칙을 써서 문장을 암호화했지만, 암호 회전판을 쓰면 훨씬 빨리 할 수 있어요.

암호

암호는 다른 문자, 숫자, 단어를 나타내는 데 쓰는 문자, 숫자, 단어 체계예요. 어떤 문장이든 간에 암호화를 하면 의미 없는 문자나 숫자를 늘어놓은 것처럼 보여요. 그 암호를 아는 사람만이 해독할 수 있어요.

카이사르 암호

일급 비밀 계획이 진행 중이에요. 통신 보안을 지키기 위해서 땃쥐들은 카이사르 암호를 써서 문장을 암호화해요. 각 문자를 다른 문자로 바꾸는 방식이에요. 가장 단순한 방법은 문장의 각 문자를 알파벳의 다른 자리에 있는 문자로 바꾸는 거예요. 알파벳의 다음 자리에 있는 문자로 바꾼다면, 'a'는 'b', 'c'는 'd'가 되겠지요. 땃쥐는 이 비밀 작업을 쉽게 하기 위해 암호 회전판을 써요.

이진 부호

숫자로도 암호를 만들 수 있어요. 이진 부호는 0과 1, 두 숫자만 쓰는 암호예요. 모든 문자, 숫자, 기호를 0과 1만으로 나타낼 수 있어요. 예를 들어 문자 A는 01000001로 표현돼요. 컴퓨터는 이렇게 0과 1만 써서 디지털 정보를 저장하고 보내요. 정보를 받은 컴퓨터는 이진수 서열을 우리가 이해할 수 있는 문자와 기호로 해독해요.

지도,
책략,
이동

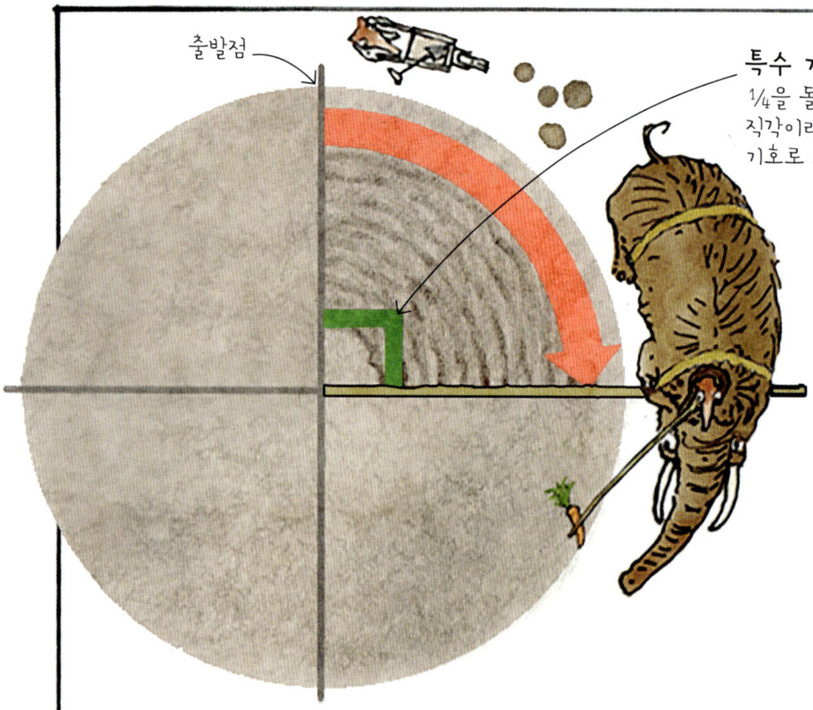

출발점

특수 기호
¼을 돌았을 때를 직각이라고 하고, 정사각형 기호로 표시해요.

중심점

1. ¼회전
살수기 팔을 돌리는 일은 힘들어요. 매머드가 잠시 멈추고 숨을 돌려요. 살수기 팔이 ¼바퀴를 돌았어요.

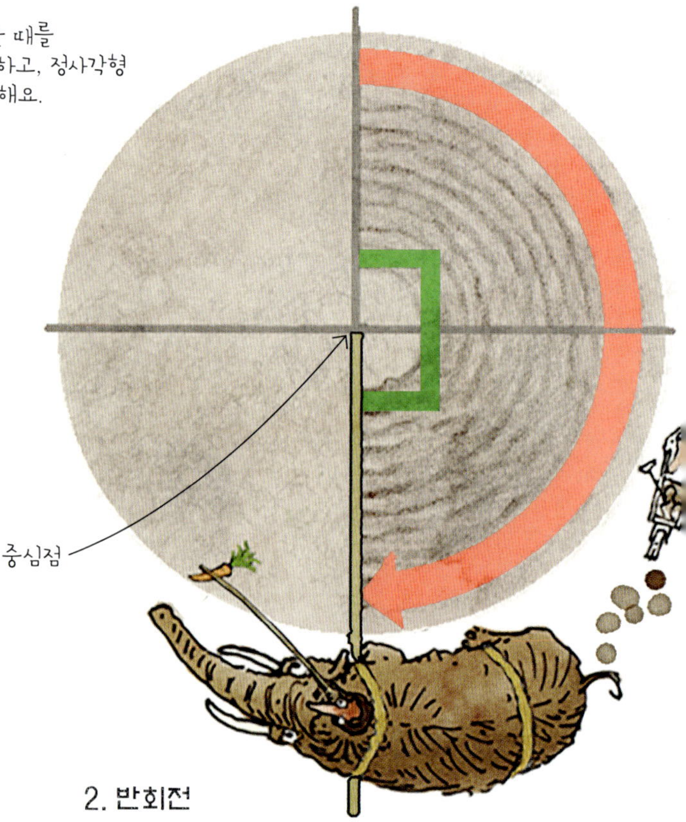

2. 반회전
절반을 돌자, 살수기 팔은 출발 지점과 직선을 이루었어요. 반회전은 ¼회전을 두 번, 다시 말해서 직각을 두 번 돈 거죠.

각

각은 한 지점에서 다른 지점까지 얼마나 많이 돌아가 있는지 보여 주는 방법이에요. 무언가가 고정된 중심점 주위로 돌아간 범위를 표시할 때 각을 이용하지요. 각은 두 직선이 만나는 공간 범위를 잴 때 유용해요.

변하는 각

땃쥐들은 당근밭에 물을 주기 위해서 영리한 장치를 만들었어요. 살수기에 연결한 팔을 매머드가 끌게 한 거지요. 매머드가 걷는 동안 살수기 팔은 고정된 중심점 주위를 돌아요. 그 사이 각은 계속 변화해요.

3. ¾회전

거의 다 왔어요! 매머드는 다시 ¼을 돌고 나서 멈추어 쉬었어요. 팔은 ¾회전을 했어요.

4. 1회전

다 왔어요! 매머드는 살수기 팔을 끌고 한 바퀴 돌아서 시작점으로 왔어요. ¼회전을 네 번 한 거예요. 1회전이에요.

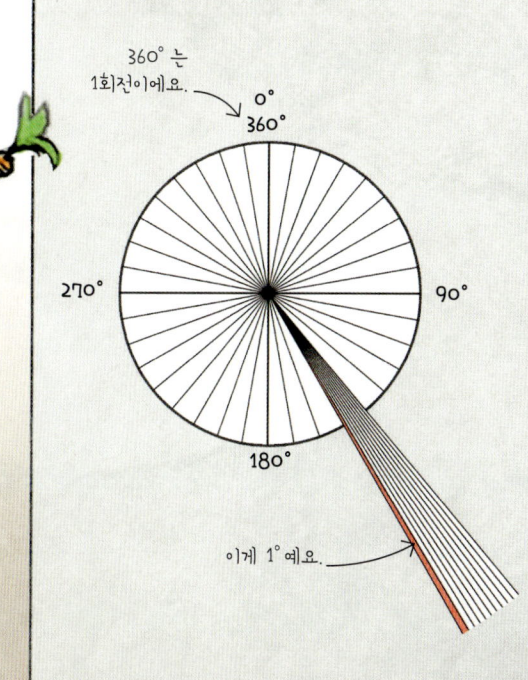

각도 재기

각은 도라는 단위로 측정해요. 기호는 (°)예요. 1회전을 360조각으로 똑같이 나눈 것 하나가 1도예요. 즉 1도는 1회전의 ¹⁄₃₆₀이에요. ¼회전, 즉 직각은 90°, 반회전은 180°예요.

360°는 1회전이에요.

0° / 360°

270°

90°

180°

이게 1°예요.

각의 종류

우리는 꼭짓점에서 만나는 두 직선의 각을 잴 수 있어요. 만나는 두 직선 사이의 각을 사잇각(끼인각)이라고 하고, 호라는 굽은 선으로 나타내요. 각은 크기에 따라서 몇 가지로 나누어요.

끼인각
휴게실의 의자와 등받이는 각을 이루어요.

예각
매머드가 접혀 있던 등받이를 들어서 90°가 안 되게 펴요. 이를 예각이라고 해요. 어, 좋은 각도가 아니에요. 전혀 편하지 않아요!

각도기 이용

각도기는 각을 정확히 재는 도구예요. 이 각도기는 눈금이 두 가지 적혀 있어요. 바깥쪽 눈금은 시계 방향으로, 안쪽 눈금은 시계 반대 방향으로 각도를 잴 때 쓰지요.

각도기의 0°를 재려는 각의 한쪽 직선과 나란히 놓아요.

각도기의 중심을 꼭짓점에 맞추어요.

각을 모르겠어

이 매머드는 햇볕을 쬐면서 느긋하게 낮잠을 자고 싶어요. 그런데 휴게실 의자를 알맞은 각도로 펼치기가 어려워요. 등받이를 이렇게 저렇게 펴다 보니 네 가지 각도가 나왔어요. 어느 각도가 가장 나을까요?

대칭선
이 모양은 대칭선이 하나뿐이에요. 다른 곳에 선을 그으면 똑같이 절반으로 나눌 수가 없어요.

나무를 돌려요
나무는 회전 대칭이 아니에요. 360° 완전히 돌려야만 원래 모양에 딱 들어맞을 테니까요.

비대칭
대칭선이 아예 없는 모양도 있어요. 비대칭이지요. 이 나무 모양은 비대칭이에요. 거울상을 이루는 직선을 어디에도 그을 수가 없거든요.

반사 대칭
매머드는 거울을 써서 대칭 모양을 만들었어요. 거울이 만든 선은 대칭선이에요. 양쪽이 서로 정확히 들어맞도록 매머드의 모양을 절반으로 똑같이 나누어요.

거울상
대칭선으로 나뉜 양쪽은 서로의 거울상이에요.

대칭

한가운데에 직선을 그었을 때 양쪽이 거울에 비친 것처럼 서로 같으면서 그 모양이나 대상이 대칭을 이루는 경우가 있어요. 이를 반사 대칭이라고 하지요. 다른 형태의 대칭 모양도 있어요. 중심점을 중심으로 모양을 회전시켰을 때 원래의 모양과 딱 들어맞으면, 회전 대칭이에요.

자연의 대칭
나비의 양쪽 날개는 서로 거울상이에요. 따라서 대칭선이 하나 있어요.

대칭 찾기

어떤 모양이 반사 대칭인지 아닌지 알려면 그 모양을 반으로 접는다고 상상해요. 대칭이라면 양쪽은 완벽하게 일치할 거예요. 모양이 회전 대칭인지 알려면, 중심점이나 축 주위로 돌린다고 상상해요. 한 바퀴 도는 동안 원래 윤곽과 완벽하게 일치하는 횟수를 회전 대칭의 차수라고 해요.

¼회전
이 모양은 ¼회전을 할 때마다 원래의 윤곽에 완벽하게 들어맞아요.

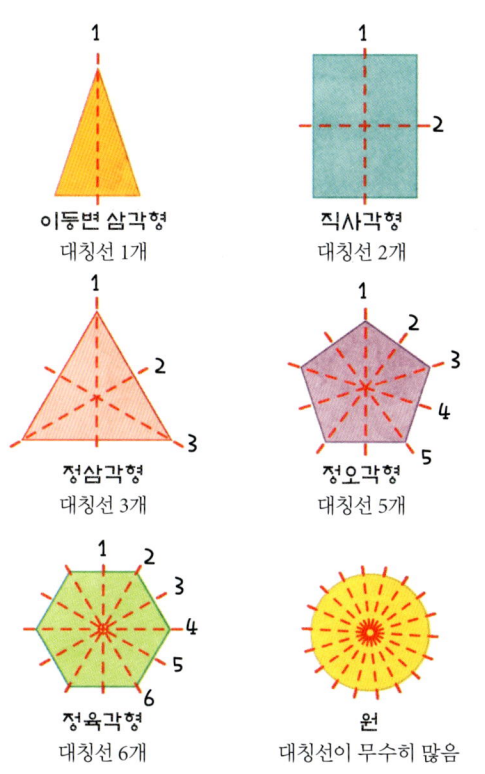

대칭선

다음은 평면 도형들의 대칭선이에요. 도형에 따라 대칭선이 1개부터 여러 개까지 있을 수 있어요. 원은 독특해요. 중심을 지나는 모든 직선이 대칭선이니까. 따라서 대칭선은 무수히 많아요.

- 이등변 삼각형 — 대칭선 1개
- 직사각형 — 대칭선 2개
- 정삼각형 — 대칭선 3개
- 정오각형 — 대칭선 5개
- 정육각형 — 대칭선 6개
- 원 — 대칭선이 무수히 많음

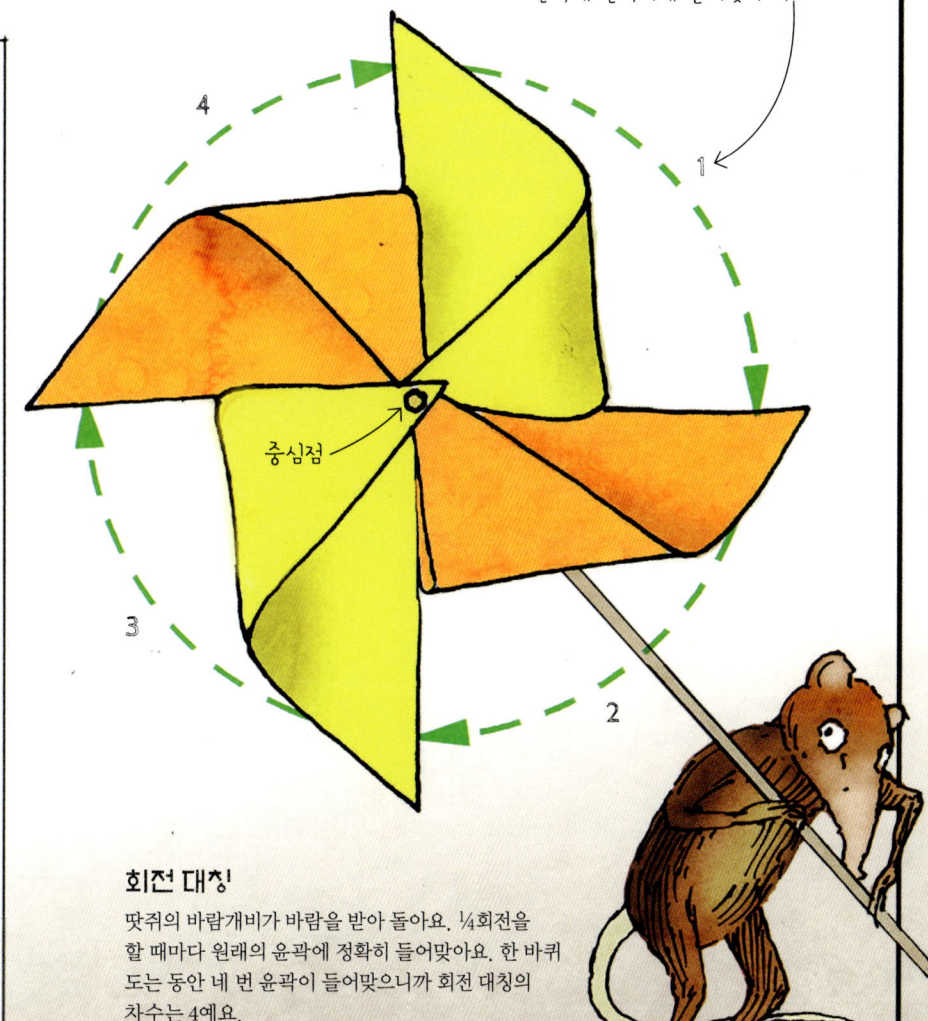

중심점

회전 대칭
땃쥐의 바람개비가 바람을 받아 돌아요. ¼회전을 할 때마다 원래의 윤곽에 정확히 들어맞아요. 한 바퀴 도는 동안 네 번 윤곽이 들어맞으니까 회전 대칭의 차수는 4예요.

이동
모양을 유지한 채 위아래, 좌우로 이동할 수 있어요.

1. 평행이동

어떤 대상이 모양이나 크기가 바뀌지 않은 채 새 위치로 옮겨가는 것을 평행이동이라고 해요. 매머드는 공중으로 뛰어올라서 같은 자세를 유지해요. 모양의 평행이동이지요.

2. 반사

어떤 대상이 거울상을 만드는 형태로 움직이는 것을 반사라고 해요. 여기서 원래 매머드와 거울에 비친 모습은 반사 직선을 두고 서로 반대편에 있어요.

변환

수학에서 어떤 모양의 크기나 위치를 바꾸는 것을 변환이라고 해요. 모양은 여러 방법으로 움직일 수 있는데 가장 흔한 세 가지가 평행이동, 반사, 회전이에요. 이 춤추는 매머드는 완벽한 동작을 연습하면서 세 가지 변환을 잘 보여 줘요.

반사된 상
거울상의 각 부위는 반사선에서 원본과 똑같은 거리에 있어요.

회전 중심
매머드가 회전하는 중심점이에요.

3. 회전
매머드의 모양이 한 점(회전 중심) 주위를 돌아요. 이 변환을 회전이라고 해요. 모양이 회전되는 정도를 회전각이라고 해요.

계속 움직여
발레를 추는 이 매머드는 우아하게 뛰어올랐다가 내려와요. 땃쥐들은 옆에서 음악을 연주하고요. 매머드가 다양한 동작을 연습하는 동안 세 종류의 모양 변환이 이루어져요.

쪽매맞춤
평행이동은 쪽매맞춤이라는 패턴을 만드는 데 쓸 수 있어요. 똑같은 모양들이 겹치지도 않고 틈새도 없이 완벽하게 서로 끼워지는 것을 말해요. 똑같은 사각형, 삼각형, 육각형들은 언제나 쪽매맞춤이 가능해요. 쪽매맞춤이 되는 모양을 타일, 타일들을 끼워 맞추는 것을 타일링이라고도 해요. 아래 그림을 보면 빨간 매머드와 하얀 매머드가 대각선으로 평행이동해서 쪽매맞춤을 이루었어요.

지도

매머드와 코끼리땃쥐가 가장 큰 호박이 자란다는 유명한 밭을 찾아 모험을 떠나요. 도중에 늪, 채석장, 탁한 호수 같은 위험 지대를 피해야 해요. 이들에게는 지도가 필요해요. 물론 지도를 읽는 법도요.

지도는 어떻게 쓰일까요?

지도에는 격자가 나 있어요. 똑같은 크기의 정사각형 칸들이 보여요. 칸에는 가로세로로 문자와 숫자가 표시돼 있어요. 이 문자와 숫자의 조합을 보면, 지도의 어느 지점을 가리키는지 알 수 있어요. 이를 좌표라고 해요.

세로축
세로축을 따라 각 줄에 숫자 번호가 매겨져 있어요.

호박밭
제대로 찾았나요?
낙하산에 매달린 땃쥐는 E10 칸을 향하고 있어요.

지도 축척

실물 크기의 지도는 별 쓸모가 없어요. 너무 커서 갖고 다닐 수도 없고 사용하기도 힘들어요! 그래서 실제 장소를 축소해서 담은 지도가 쓰여요. 장소와 거리 모두 똑같은 양만큼 줄인다는 뜻이에요. 지도와 실제 지역은 비율이 똑같아요. 지도가 더 작을 뿐이에요.

정확히 호박밭으로

땃쥐는 낙하산을 타고 내려오는 친구를 만나러 호박밭에 왔어요. 그들의 지도는 84-85쪽에 나온 것과 똑같지만, 축소된 것이에요(54-55쪽 참조). 칸 하나가 호박밭으로 꽉 채워졌는데, 원래의 가로세로 길이는 10m예요. 땃쥐들의 지도에서는 1cm로 줄어들었어요.

축소
이 지도는 실물 크기의 지도와 비율이 똑같아요. 모든 것이 똑같은 양으로 줄어 있어요.

거리 재기
땃쥐가 한 칸의 길이를 재요. 1cm임을 알아냈어요.

축척자
이 자는 지도의 1cm가 실제로는 10m(1,000cm)라고 알려 줘요. 따라서 축척은 1cm:10m, 즉 1:1000이에요.

축척 선택

지도의 축척은 비로 나타내요. 현실의 거리 단위가 지도의 거리 단위의 몇 배인지 알려 주지요. 지도마다 무엇을 보려 주려 하는지에 따라서 축척이 달라져요. 땃쥐의 1cm:10m 지도처럼 축척이 큰 지도는 더 상세하지만, 넓은 면적을 담지 못해요. 여기 실린 두 그림처럼 축척이 더 작은 지도들은 더 넓은 면적을 보여 줄 수 있지만, 자세하지는 않아요.

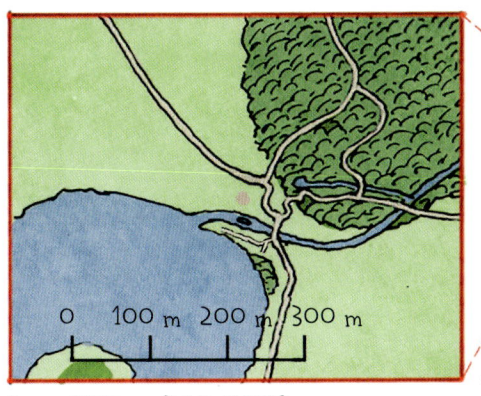

1 cm:100 m (1:10,000)

이 지도에서는 1cm가 100m를 나타내요. 호박밭은 잘 보이지 않지만, 호수와 숲 사이에 있다는 것은 알 수 있어요.

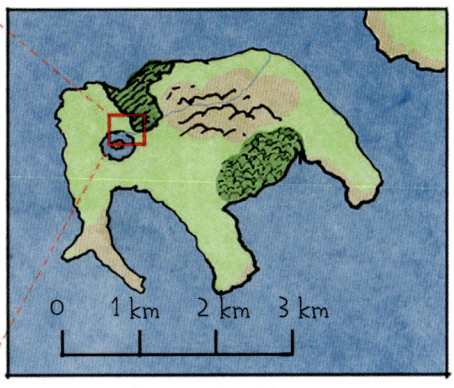

1 cm:1 km (1:100,000)

이 지도에서 1cm는 1km를 뜻해요. 이 축척에서는 세부적인 것을 볼 수 없지만, 섬 전체의 윤곽은 확인할 수 있어요.

호박밭은 한 변의 길이가 10m예요.

나침반 사용하기

오늘은 소풍날이에요! 매머드들은 소풍 장소인 풀밭을 찾아갈 수 있을까요? 어느 쪽으로 갈지 알려면 나침반이 필요해요. 나침반의 바늘은 어디가 북극인지 보여 주지요. 그리고 일단 북극을 찾으면, 다른 방향도 알 수 있어요.

방향 찾기

나침반은 방향을 방위로 보여 줘요. 방위는 북극(0°)에서부터 시계 방향으로 잰 각도예요. 나침반을 어느 방향으로 들고 있든 간에, 나침반 바늘은 언제나 북극을 가리켜요. 나침반을 읽을 때는 바늘을 문자반의 북극을 가리키는 N과 일치시켜요.

북쪽
북쪽은 방위가 0°예요.

북서쪽
서쪽과 북쪽의 중간이에요.

서쪽
북쪽에서 시계 방향으로 3/4(270°)회전한 지점이에요.

바늘
나침반의 바늘은 자석이에요. 자유롭게 돌면서 늘 북극을 가리켜요.

문자반
나침반의 방향은 문자반에 적혀 있어요. N을 바늘과 일치시키면, 자신이 어느 방향으로 가고 있는지 알 수 있어요.

동쪽
북쪽에서 시계 방향으로 1/4바퀴(90°)를 돌면 동쪽이에요.

남쪽
북쪽에서 반 바퀴를 돌면 남쪽이고, 방위는 180°예요.

나침반의 방위들

다른 원들처럼 나침반도 360도로 나뉘어요. 각 도는 정확한 방향을 가리키지요. 주요 방향은 북쪽, 남쪽, 동쪽, 서쪽까지 네 곳이에요. 원을 정확히 넷으로 나눈 방향이지요. 그 중간마다 북동쪽, 남동쪽, 남서쪽, 북서쪽이 있어요.

놀라운 미로

코끼리땃쥐들이 매머드의 모습을 본떠 만든 미로를 지나가고 있어요. 미로는 굽이굽이 빙빙 돌아가는 복잡한 갈림길과, 기가 꺾일 만큼 막다른 길로 가득한 수학 퍼즐이에요. 미로를 헤쳐 나가려면 땃쥐들은 미로 안의 공간들이 어떻게 연결되어 있는지 알아내야 해요. 계속 머리를 굴리면서요!

출발
매머드의 코끝이 미로 입구예요.

출구
매머드의 꼬리를 통해 빠져나가요.

매머드 미로

이 장엄한 미로를 빠져나가는 길을 찾을 수 있을까요? 먼저 한가운데의 땃쥐 조각상까지 간 뒤, 출구로 이어지는 길을 찾아요. 비밀 공식은 없어요. 시행착오를 거쳐야 해요. 한 번 갔던 막다른 길을 기억해서 다시 가는 실수를 하지 않으면 도움이 될 거예요!

이제 어느 쪽?
미로는 안에서 풀려면 훨씬 더 어려워요. 땃쥐들은 몇 시간 동안 헤맬 수도 있어요!

정답은 160쪽에 있어요.

미로와 연결망

연결망 형태로 미로를 펼쳐 놓으면 푸는 데 도움이 될 거예요. 다음은 미로의 각 길이 어떻게 연결되어 있는지 단순화해서 보여 주는 다이어그램이에요.

1단계
각 연결점(방향을 선택할 수 있는 지점)과 막다른 길을 점으로 표시해요. 각 점에 문자를 적어요. 마지막으로 모든 점을 이어서 다양한 길을 그려요.

오른쪽 길
다이어그램은 점 A에 도착한 다음, 점 C로 가야 한다는 것을 보여 줘요. B는 막다른 길이니까요.

2단계
이제 이리저리 꼬이고 굽은 미로 대신에, 문자들을 적고 직선으로 연결해요. 이 다이어그램은 입구에서 출구까지 가장 빠른 길을 보여 줄 거예요.

놀라운 도형들

대나무 집 짓기

땃쥐들은 대나무 집을 지으면서 다양한 선들을 이용해요. 매머드는 더운 대낮에 아주 많은 대나무 장대를 운반했기에 그늘에서 오래 쉬어야 해요.

평행하지 않은
평행하지 않은 선들은 따라갈수록 서로 거리가 달라져요. 계속 가다 보면 선들은 결국 만날 거예요.

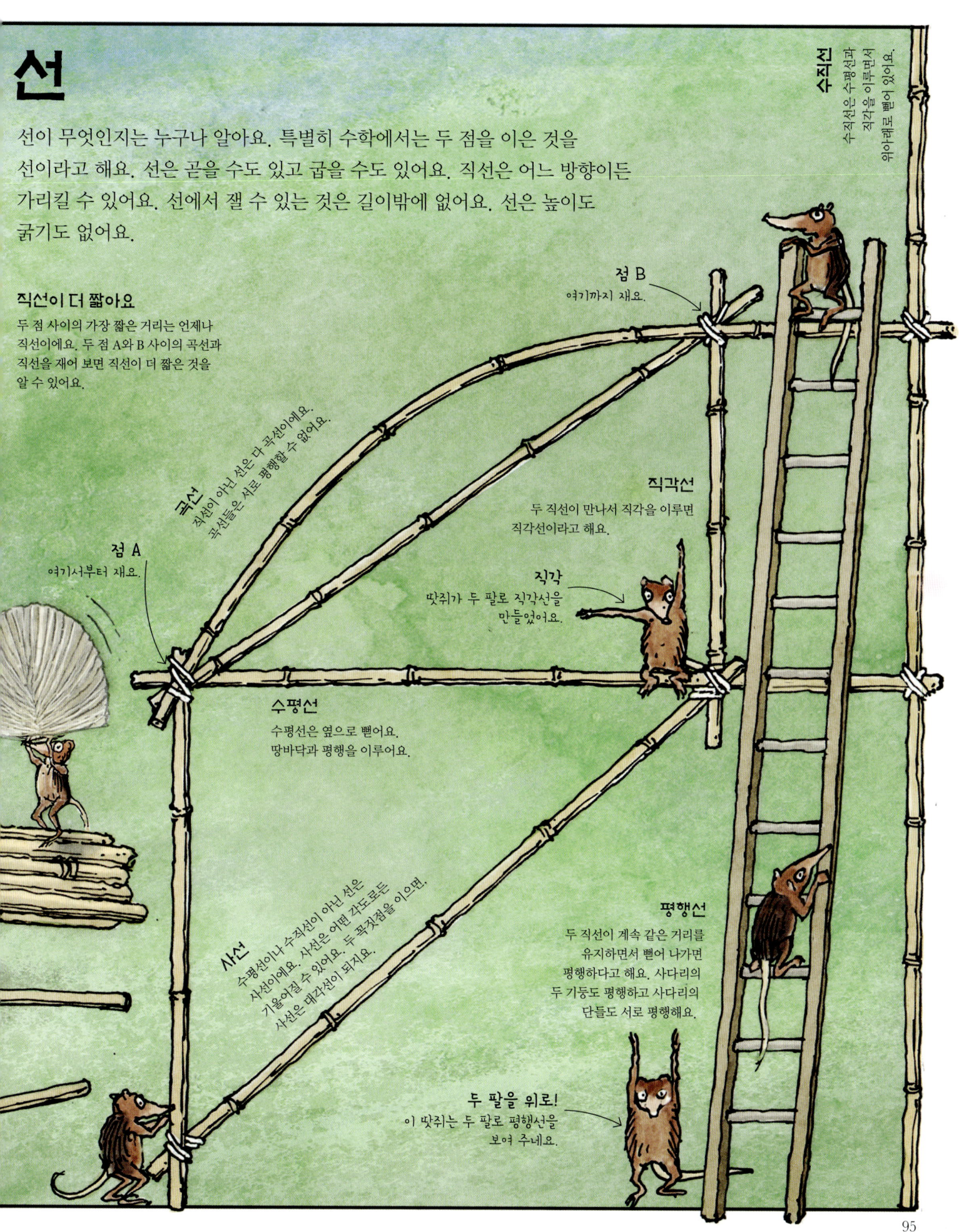

선

선이 무엇인지는 누구나 알아요. 특별히 수학에서는 두 점을 이은 것을 선이라고 해요. 선은 곧을 수도 있고 굽을 수도 있어요. 직선은 어느 방향이든 가리킬 수 있어요. 선에서 잴 수 있는 것은 길이밖에 없어요. 선은 높이도 굵기도 없어요.

직선이 더 짧아요
두 점 사이의 가장 짧은 거리는 언제나 직선이에요. 두 점 A와 B 사이의 곡선과 직선을 재어 보면 직선이 더 짧은 것을 알 수 있어요.

점 B
여기까지 재요.

곡선
직선이 아닌 선은 다 곡선이에요. 곡선들은 서로 평행할 수 없어요.

직각선
두 직선이 만나서 직각을 이루면 직각선이라고 해요.

점 A
여기서부터 재요.

직각
땃쥐가 두 팔로 직각선을 만들었어요.

수평선
수평선은 옆으로 뻗어요. 땅바닥과 평행을 이루어요.

수직선
수직선은 수평선과 직각을 이루면서 아래로 뻗어 있어요.

사선
수평선이나 수직선이 아닌 선은 사선이에요. 사선은 어떤 각도로든 기울어질 수 있어요. 두 꼭짓점을 이으면 사선은 대각선이 되지요.

평행선
두 직선이 계속 같은 거리를 유지하면서 뻗어 나가면 평행하다고 해요. 사다리의 두 기둥도 평행하고 사다리의 단들도 서로 평행해요.

두 팔을 위로!
이 땃쥐는 두 팔로 평행선을 보여 주네요.

정다각형

정다각형 방에 있는 모든 다각형은 변들의 길이도 같고(등변), 각들도 같아요(등각). 이런 다각형들을 정다각형이라고 해요. 크기가 바뀌어도 똑같이 정다각형이지요.

숫자 붙은 이름

다각형은 지닌 각의 수에 따라서 이름이 붙어요. 오각형은 각이 5개지요.

정사각형

변의 길이가 모두 같고, 각이 모두 직각인 사각형이에요.

정오각형 — 등변 5개, 등각 5개

정십각형 — 등변 10개, 등각 10개

정육각형 — 등변 6개, 등각 6개

정사각형 — 등변 4개, 등각 4개

정팔각형 — 등변 8개, 등각 8개

평면 도형

평면에 그린 도형을 평면 도형 또는 2D(이차원) 도형이라고 해요. 길이와 폭은 있지만, 두께는 없는 도형이지요. 평면 도형의 변은 직선이거나 곡선일 수도 있고, 양쪽 다일 수도 있어요. 변이 직선으로만 된 도형들을 다각형이라고 해요. 이곳 매머드 식당에는 다각형이 아주 많네요.

변과 각

정다각형이든 부등변 다각형이든 간에, 변의 수는 언제나 각의 수와 같아요.

3마리용 식탁?

이 유명 식당의 식탁은 모두 다각형이에요. 변이 직선인 평면 도형과 같아요. 매머드들은 정다각형 방과 부등변 다각형 방 중에서 고를 수 있어요. 한쪽은 모든 식탁이 정다각형이고 다른 쪽은 부등변 다각형이에요. 부등변 다각형 방이 밴드와 더 가깝지만, 식탁 주위에 더 빽빽하게 모여 앉아야 해요!

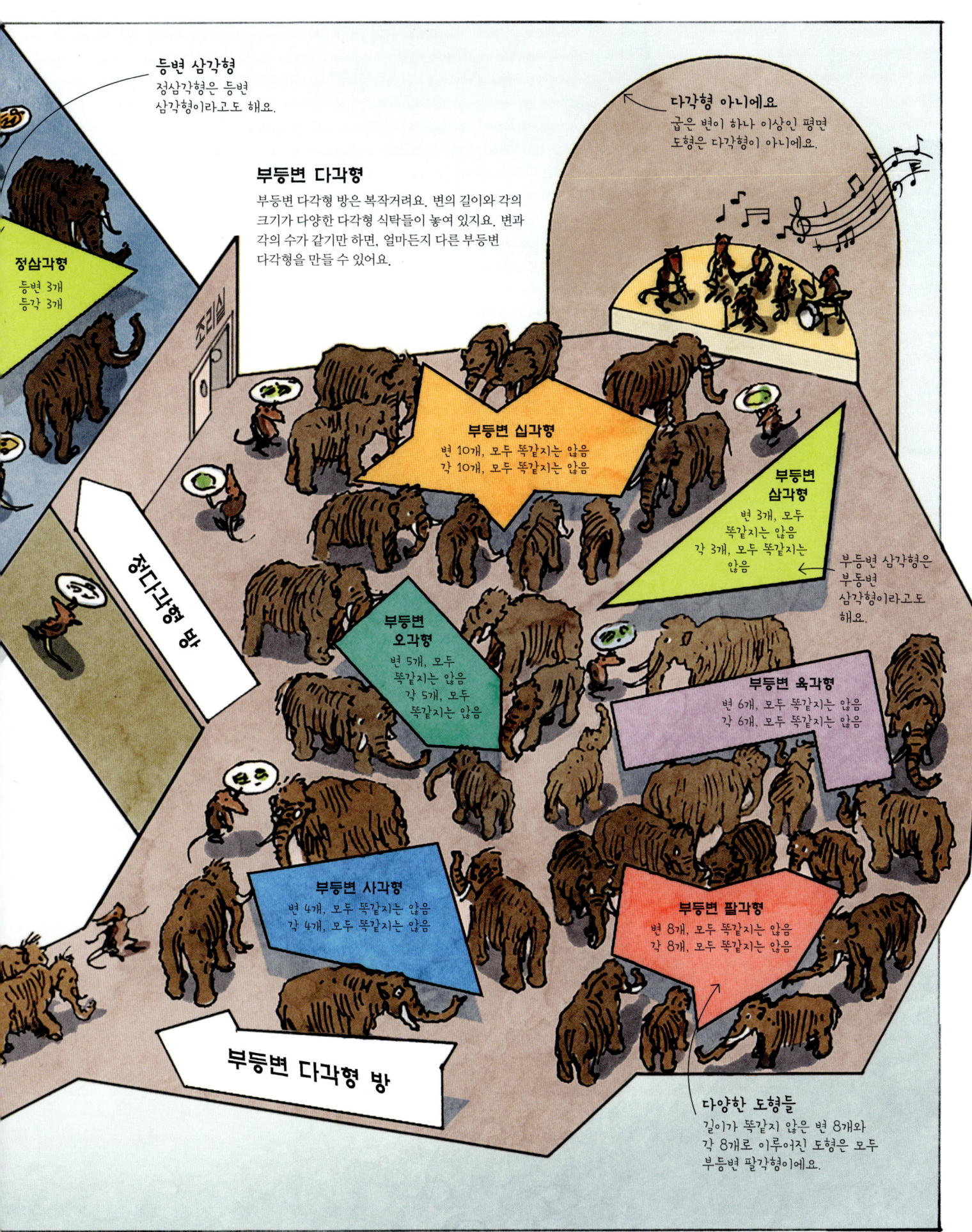

정삼각형
모든 것이 똑같은 삼각형이에요. 세 변의 길이도 같고, 세 각의 크기도 같아요. 이 정삼각형 도로 표지판은 앞길에 어떤 위험이 있는지 알려요.

등각
호라는 이 굽은 선은 세 각의 크기가 똑같다고 말해요.

등변
이중 빗금 표시는 세 변의 길이가 똑같다는 뜻이에요.

직각삼각형
이 삼각형은 두 변이 수직으로 만나요. 즉 직각을 이룬다는 뜻이에요. 다리를 떠받치는 삼각형들은 직각삼각형이에요.

직각(90°)

삼각형

삼각형은 모든 것이 3개씩이에요. 변 3개, 각 3개, 꼭짓점도 3개지요. 변이 직선인 평면 도형이므로, 다각형에 속해요. 다각형 중에서 변의 수가 가장 적지요. 삼각형은 네 종류가 있어요. 매머드가 삼각형 다리를 건너는 이 장면에서 모두 찾아볼 수 있어요.

무게 받치기
삼각형은 이 나무막대처럼 곧은 기둥을 써서 만들 수 있는 가장 단순하면서 튼튼한 모양이에요.

두 변의 길이가 같아요.

두 각의 크기가 같아요.

이등변 삼각형
두 변과 두 각이 같은 삼각형이에요. 이 연은 이등변 삼각형이지요.

삼각형을 따라가요
삼각형은 아주 튼튼한 모양이라서 건축에 많이 쓰여요. 이 다리의 한쪽 끝은 튼튼한 삼각형 구조가 받치고 있어요. 그런데 반대쪽은 아니네요. 매머드의 무게를 받칠 수 있을까요? 밑에 있는 땃쥐가 위험을 알아차렸나 봐요!

부등변 삼각형
이 삼각형에는 똑같은 것이 전혀 없어요. 변의 길이도 각의 크기도 모두 다르지요. 그래도 바람의 힘을 빌려 배를 옮길 수 있겠지요? 땃쥐가 위험에서 벗어나도록요.

서로 다른 각
이 삼각형은 세 각의 크기가 다 달라요. 그래서 각마다 호를 다르게 표시했어요.

부등변
이 삼각형의 각 변은 길이가 서로 달라서 빗금 표시도 다르게 했어요.

매머드 키 재기

아주 키가 큰 물체나 동물은 높이를 재기가 쉽지 않아요. 그런데 땃쥐들이 영리한 해결책을 내놓았어요. 종이, 줄자, 삼각형 지식, 참을성 많은 매머드만 있으면 돼요.

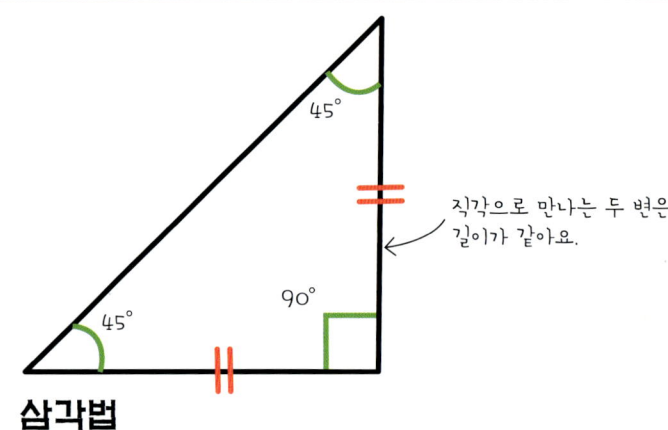

삼각법

땃쥐들은 어떻게 낮은 땅에 있으면서 매머드의 큰 키를 잴 수 있을까요? 바로 삼각형을 이용하면 돼요! 땃쥐들은 두 각이 같은 직각삼각형은 두 변의 길이도 같다는 것을 알아요. 땃쥐들은 매머드 코를 이용해 삼각형을 만든 뒤, 땅에서 매머드 발까지의 거리를 재요. 그 거리는 매머드의 발바닥에서 정수리까지의 높이와 같을 거예요.

1. 측정자 만들기

땃쥐들은 정사각형 종이를 반으로 접어서 직각 1개와 45° 각 2개를 갖춘 직각삼각형을 만들어요. 이제 45° 각을 재는 간편한 도구가 생겼어요.

2. 매머드 자세 잡기

이제 땃쥐들은 매머드에게 코를 쭉 내밀라고 부탁해요. 종이 삼각형을 써서 땅에서부터 매머드의 정수리까지 완벽한 45°를 이루는 지점을 찾아내요.

종이 삼각형의 긴 변을 쭉 늘린다고 할 때 매머드의 코가 그 선에 일치하도록 만들어요.

땃쥐의 시선
삼각형의 긴 변과 매머드의 정수리가 직선으로 이어지는 지점을 찾아요.

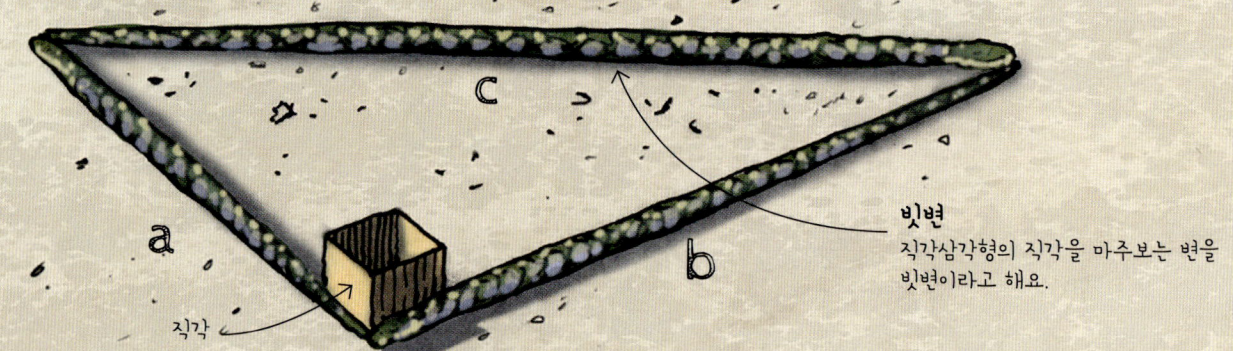

빗변
직각삼각형의 직각을 마주보는 변을 빗변이라고 해요.

직각

삼각형 검사

맑고 따뜻한 오후에 뱀 3마리가 햇볕을 쬐면서 낮잠을 즐겨요. 지나가던 매머드와 코끼리땃쥐는 뱀들이 모여 있는 모양이 직각삼각형이라는 것을 알아차려요. 그래서 역사상 가장 유명한 수학 법칙 중 하나를 검사하기로 해요. 바로 피타고라스 정리지요.

정사각형 만들기

피타고라스 정리는 직각삼각형의 각 변을 길이로 하는 정사각형을 만들면, 가장 큰 정사각형의 면적이 나머지 두 정사각형의 면적을 더한 것과 같다고 말해요. 매머드와 땃쥐는 이 이론이 맞는지 알아보기 위해 뱀 주위에서 조심조심 움직이면서 정사각형을 만들어요.

자세한 설명
삼각형의 변 사이의 관계는 공식을 써서 보여 줄 수 있어요(125쪽 참조). 문자들은 삼각형의 세 변을 가리켜요.

$$a^2 + b^2 = c^2$$

위첨자 2는 '제곱'을 뜻해요 (62-63쪽 참조).

'a'변의 정사각형은 타일 9개로 되어 있어요.

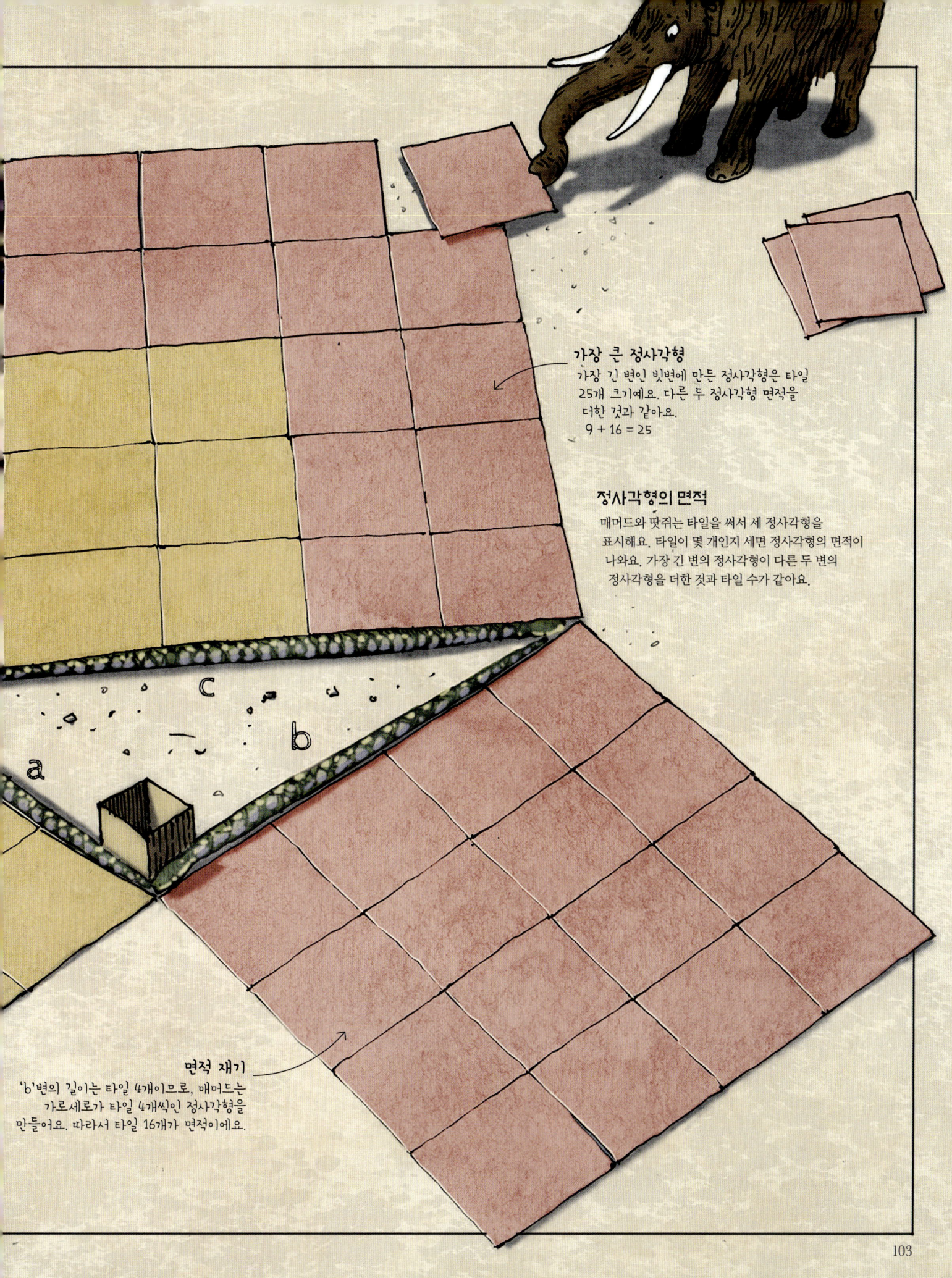

가장 큰 정사각형
가장 긴 변인 빗변에 만든 정사각형은 타일 25개 크기예요. 다른 두 정사각형 면적을 더한 것과 같아요.
9 + 16 = 25

정사각형의 면적
매머드와 맞쥐는 타일을 써서 세 정사각형을 표시해요. 타일이 몇 개인지 세면 정사각형의 면적이 나와요. 가장 긴 변의 정사각형이 다른 두 변의 정사각형을 더한 것과 타일 수가 같아요.

면적 재기
'b'변의 길이는 타일 4개이므로, 매머드는 가로세로가 타일 4개씩인 정사각형을 만들어요. 따라서 타일 16개가 면적이에요.

사각형

변이 4개인 평면 다각형을 사각형(사변형)이라고 해요. 모든 사각형은 변 4개, 각 4개, 꼭짓점 4개예요. 다른 모든 다각형처럼 사각형에도 등변과 등각을 지닌 정사각형과, 변과 각이 제각각인 부등변 사각형이 있어요.

다양한 이름들!

이 모든 도형은 사각형에 속해요. 아래의 도형들은 다 평행사변형인 반면, 다음 쪽의 도형들은 아니에요.

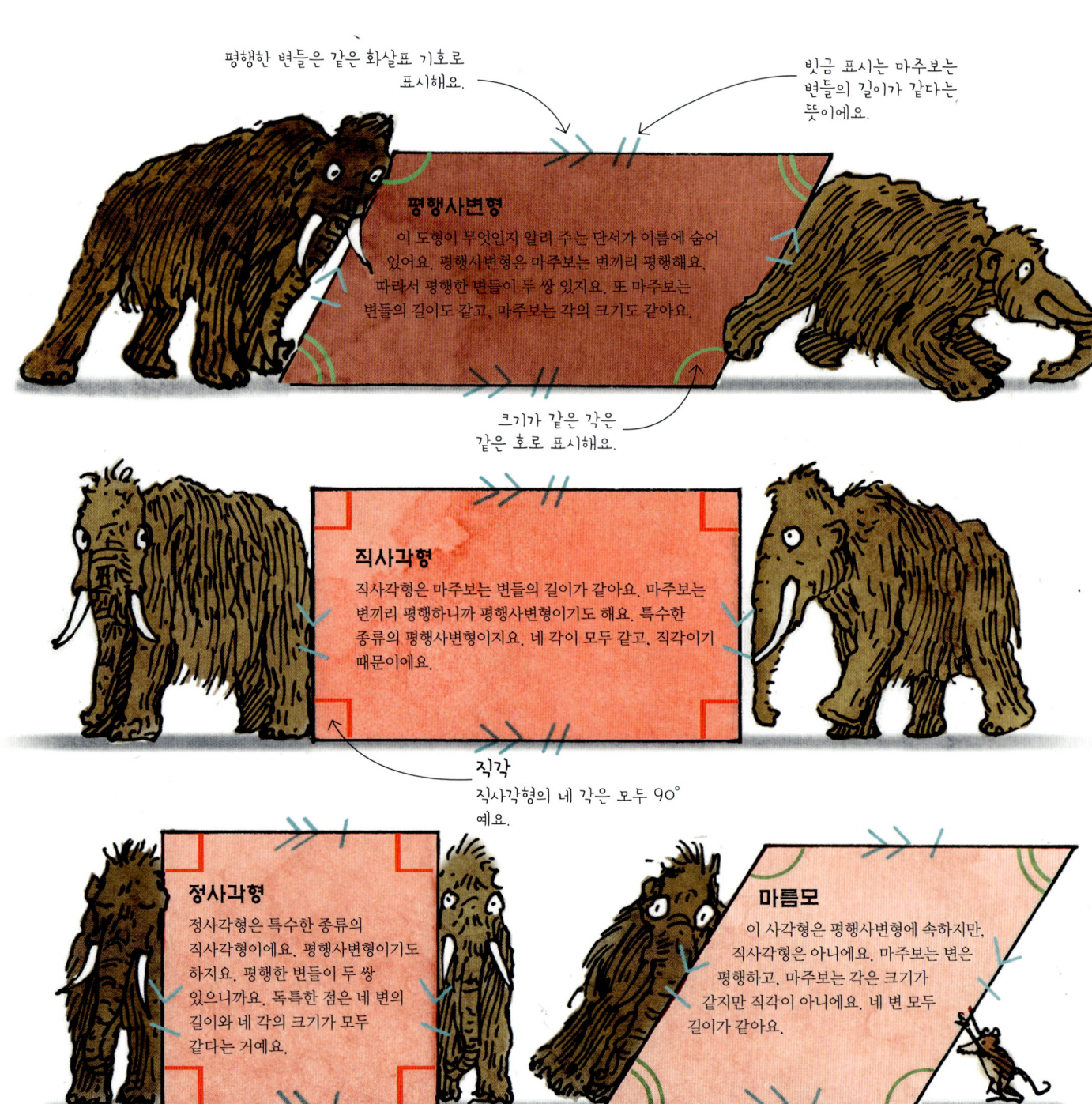

평행한 변들은 같은 화살표 기호로 표시해요.

빗금 표시는 마주보는 변들의 길이가 같다는 뜻이에요.

평행사변형
이 도형이 무엇인지 알려 주는 단서가 이름에 숨어 있어요. 평행사변형은 마주보는 변끼리 평행해요. 따라서 평행한 변들이 두 쌍 있지요. 또 마주보는 변들의 길이도 같고, 마주보는 각의 크기도 같아요.

크기가 같은 각은 같은 호로 표시해요.

직사각형
직사각형은 마주보는 변들의 길이가 같아요. 마주보는 변끼리 평행하니까 평행사변형이기도 해요. 특수한 종류의 평행사변형이지요. 네 각이 모두 같고, 직각이기 때문이에요.

직각
직사각형의 네 각은 모두 90°예요.

정사각형
정사각형은 특수한 종류의 직사각형이에요. 평행사변형이기도 하지요. 평행한 변들이 두 쌍 있으니까요. 독특한 점은 네 변의 길이와 네 각의 크기가 모두 같다는 거예요.

마름모
이 사각형은 평행사변형에 속하지만, 직사각형은 아니에요. 마주보는 변은 평행하고, 마주보는 각은 크기가 같지만 직각이 아니에요. 네 변 모두 길이가 같아요.

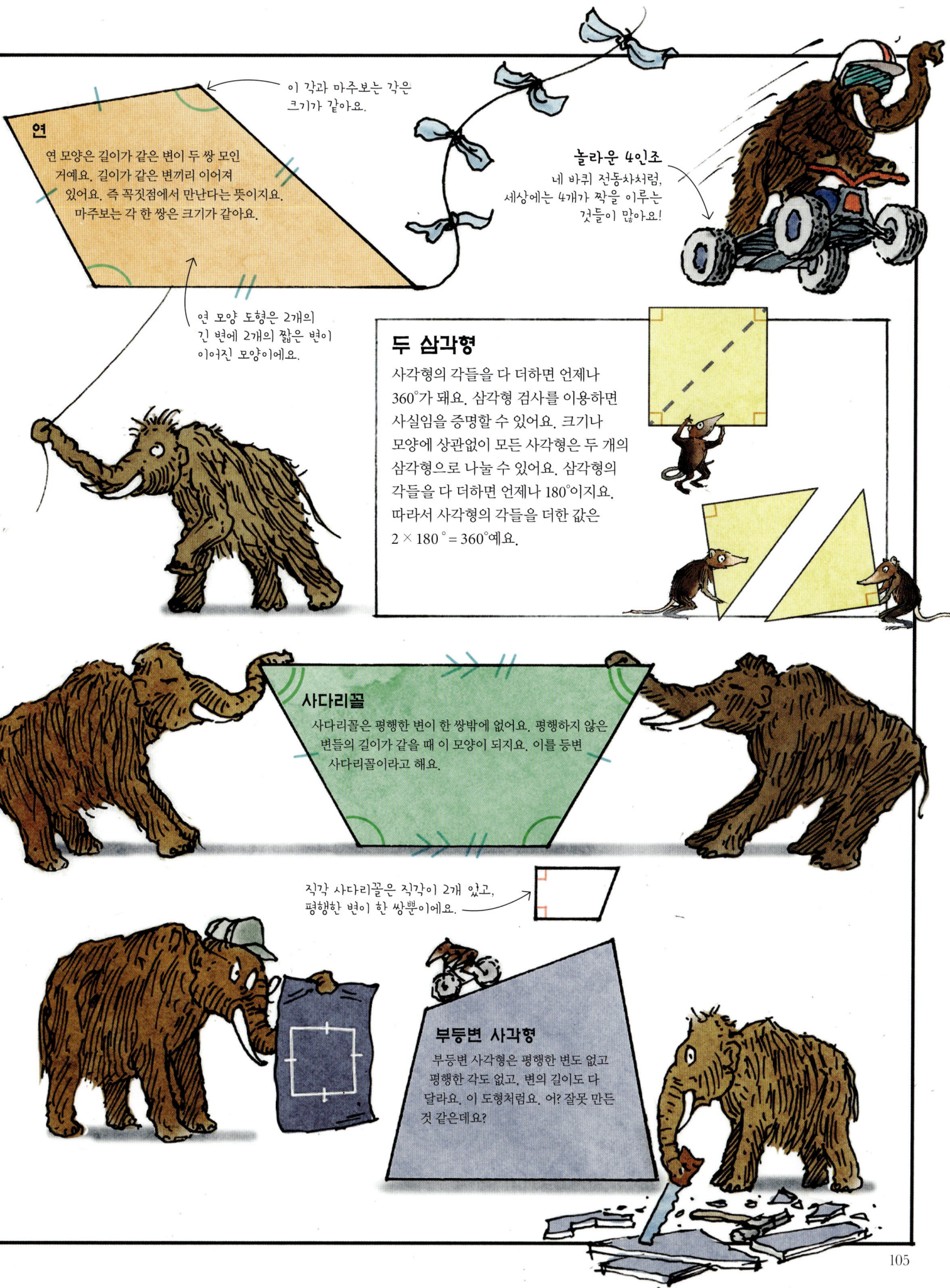

연

연 모양은 길이가 같은 변이 두 쌍 모인 거예요. 길이가 같은 변끼리 이어져 있어요. 즉 꼭짓점에서 만난다는 뜻이지요. 마주보는 각 한 쌍은 크기가 같아요.

이 각과 마주보는 각은 크기가 같아요.

연 모양 도형은 2개의 긴 변에 2개의 짧은 변이 이어진 모양이에요.

놀라운 4인조
네 바퀴 전동차처럼, 세상에는 4개가 짝을 이루는 것들이 많아요!

두 삼각형

사각형의 각들을 다 더하면 언제나 360°가 돼요. 삼각형 검사를 이용하면 사실임을 증명할 수 있어요. 크기나 모양에 상관없이 모든 사각형은 두 개의 삼각형으로 나눌 수 있어요. 삼각형의 각들을 다 더하면 언제나 180°이지요. 따라서 사각형의 각들을 더한 값은 $2 \times 180° = 360°$예요.

사다리꼴

사다리꼴은 평행한 변이 한 쌍밖에 없어요. 평행하지 않은 변들의 길이가 같을 때 이 모양이 되지요. 이를 등변 사다리꼴이라고 해요.

직각 사다리꼴은 직각이 2개 있고, 평행한 변이 한 쌍뿐이에요.

부등변 사각형

부등변 사각형은 평행한 변도 없고 평행한 각도 없고, 변의 길이도 다 달라요. 이 도형처럼요. 어? 잘못 만든 것 같은데요?

원

원은 특수한 종류의 평면 도형이에요. 꼭짓점도 각도 전혀 없으면서, 둘레만 있거든요. 중심점에서 일정한 거리를 두고 하나의 곡선이 둥글게 그려져 있는 거예요. 원둘레라고 하는 그 선의 모든 점은 원의 중심점에서 똑같은 거리에 있어요.

빙빙 원을 돌면서

박람회에 간 땃쥐들이 하늘에서 천천히 돌아가는 관람차를 타고 구경해요. 관람차는 원의 기하학을 이용한 놀이 기구예요. 각 관람차는 바퀴의 테두리, 즉 둘레에 있어요. 바퀴가 중심점에서 천천히 돌면, 관람차들은 완벽한 원을 그리며 돌지요.

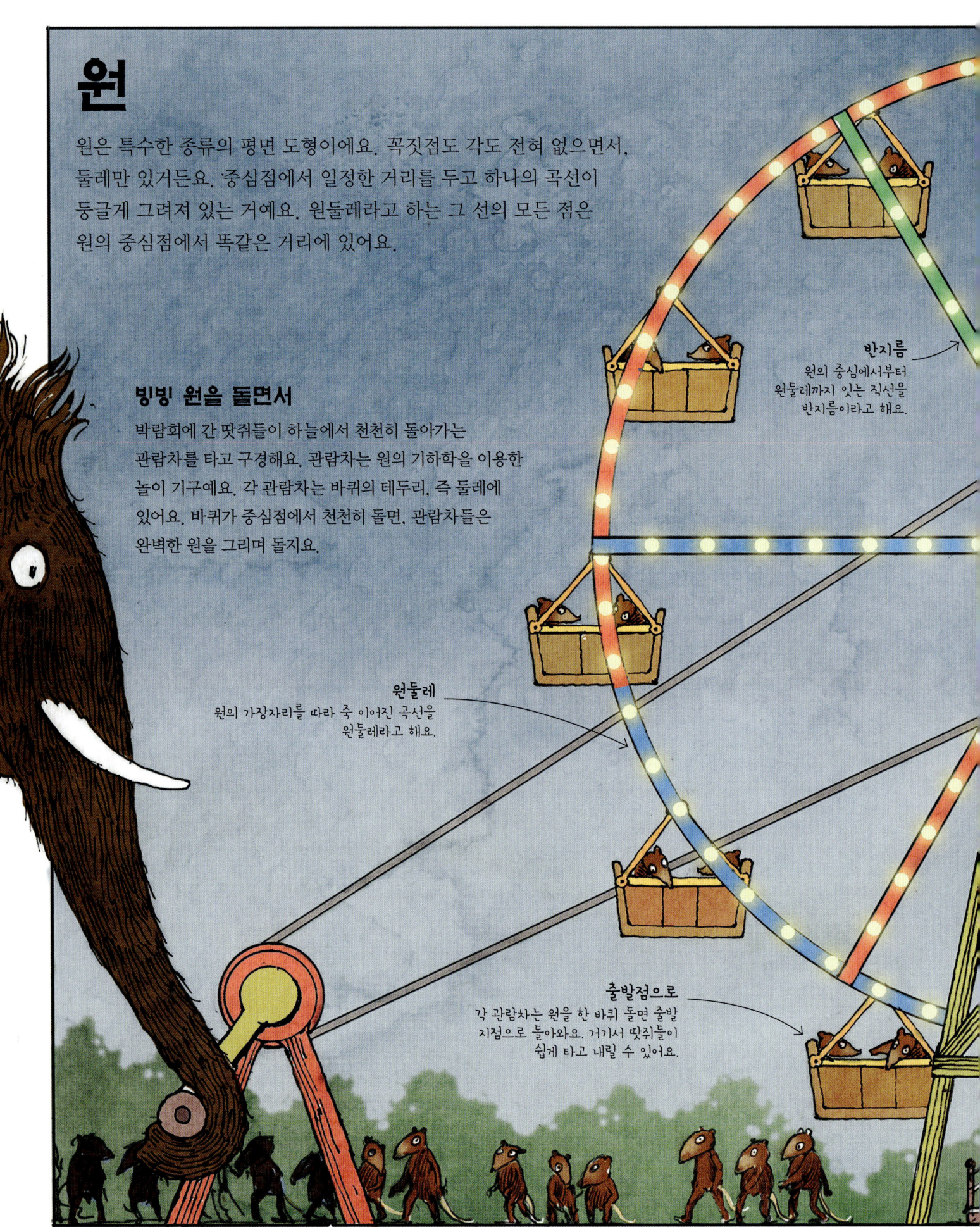

반지름
원의 중심에서부터 원둘레까지 잇는 직선을 반지름이라고 해요.

원둘레
원의 가장자리를 따라 죽 이어진 곡선을 원둘레라고 해요.

출발점으로
각 관람차는 원을 한 바퀴 돌면 출발 지점으로 돌아와요. 거기서 땃쥐들이 쉽게 타고 내릴 수 있어요.

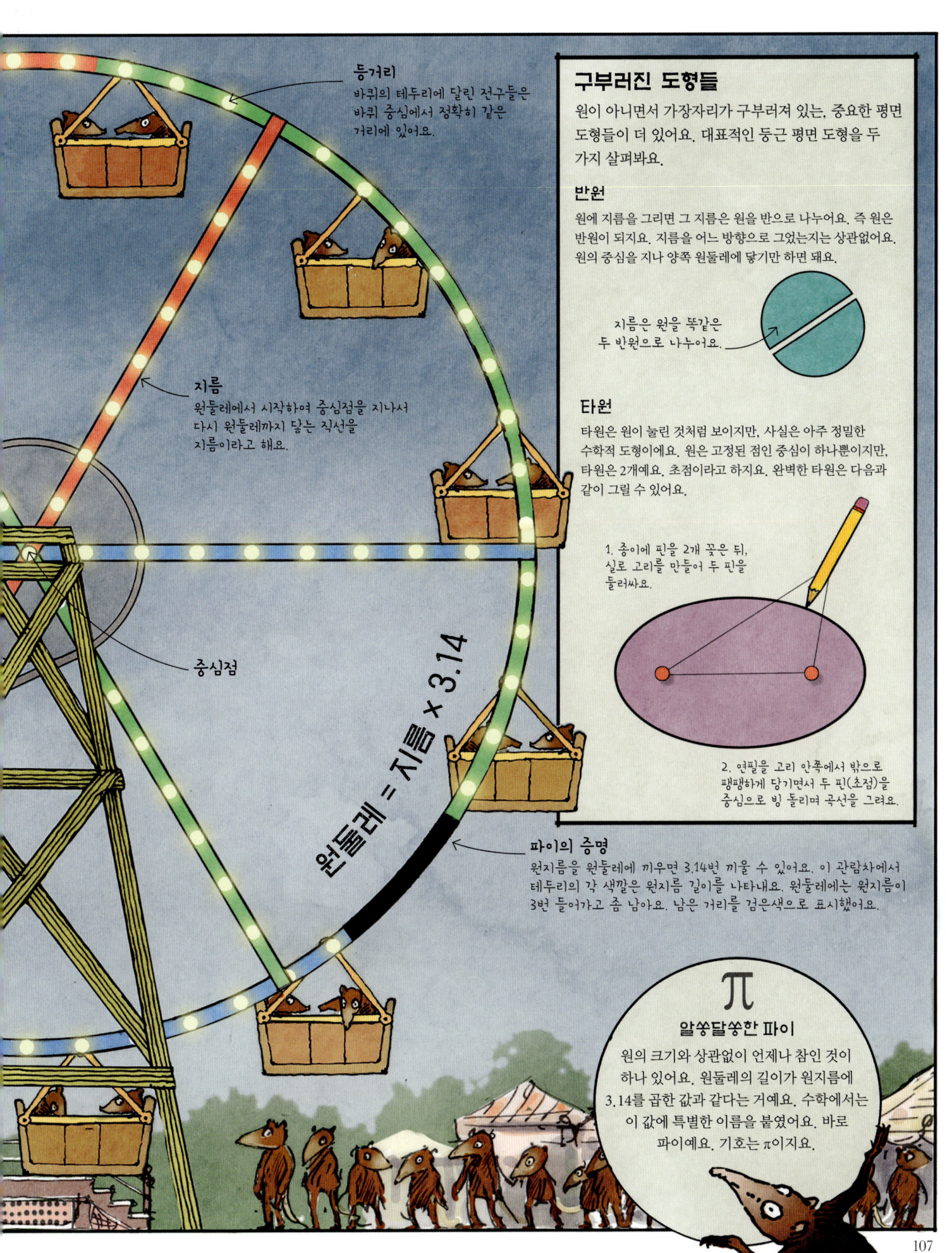

등거리
바퀴의 테두리에 달린 전구들은 바퀴 중심에서 정확히 같은 거리에 있어요.

지름
원둘레에서 시작하여 중심점을 지나서 다시 원둘레까지 닿는 직선을 지름이라고 해요.

중심점

원둘레 = 지름 × 3.14

파이의 증명
원지름을 원둘레에 끼우면 3.14번 끼울 수 있어요. 이 관람차에서 테두리의 각 색깔은 원지름 길이를 나타내요. 원둘레에는 원지름이 3번 들어가고 좀 남아요. 남은 거리를 검은색으로 표시했어요.

구부러진 도형들

원이 아니면서 가장자리가 구부러져 있는, 중요한 평면 도형들이 더 있어요. 대표적인 둥근 평면 도형을 두 가지 살펴봐요.

반원

원에 지름을 그리면 그 지름은 원을 반으로 나누어요. 즉 원은 반원이 되지요. 지름을 어느 방향으로 그었는지는 상관없어요. 원의 중심을 지나 양쪽 원둘레에 닿기만 하면 돼요.

지름은 원을 똑같은 두 반원으로 나누어요.

타원

타원은 원이 눌린 것처럼 보이지만, 사실은 아주 정밀한 수학적 도형이에요. 원은 고정된 점인 중심이 하나뿐이지만, 타원은 2개예요. 초점이라고 하지요. 완벽한 타원은 다음과 같이 그릴 수 있어요.

1. 종이에 핀을 2개 꽂은 뒤, 실로 고리를 만들어 두 핀을 둘러싸요.

2. 연필을 고리 안쪽에서 밖으로 팽팽하게 당기면서 두 핀(초점)을 중심으로 빙 돌리며 곡선을 그려요.

π
알쏭달쏭한 파이
원의 크기와 상관없이 언제나 참인 것이 하나 있어요. 원둘레의 길이가 원지름에 3.14를 곱한 값과 같다는 거예요. 수학에서는 이 값에 특별한 이름을 붙였어요. 바로 파이예요. 기호는 π이지요.

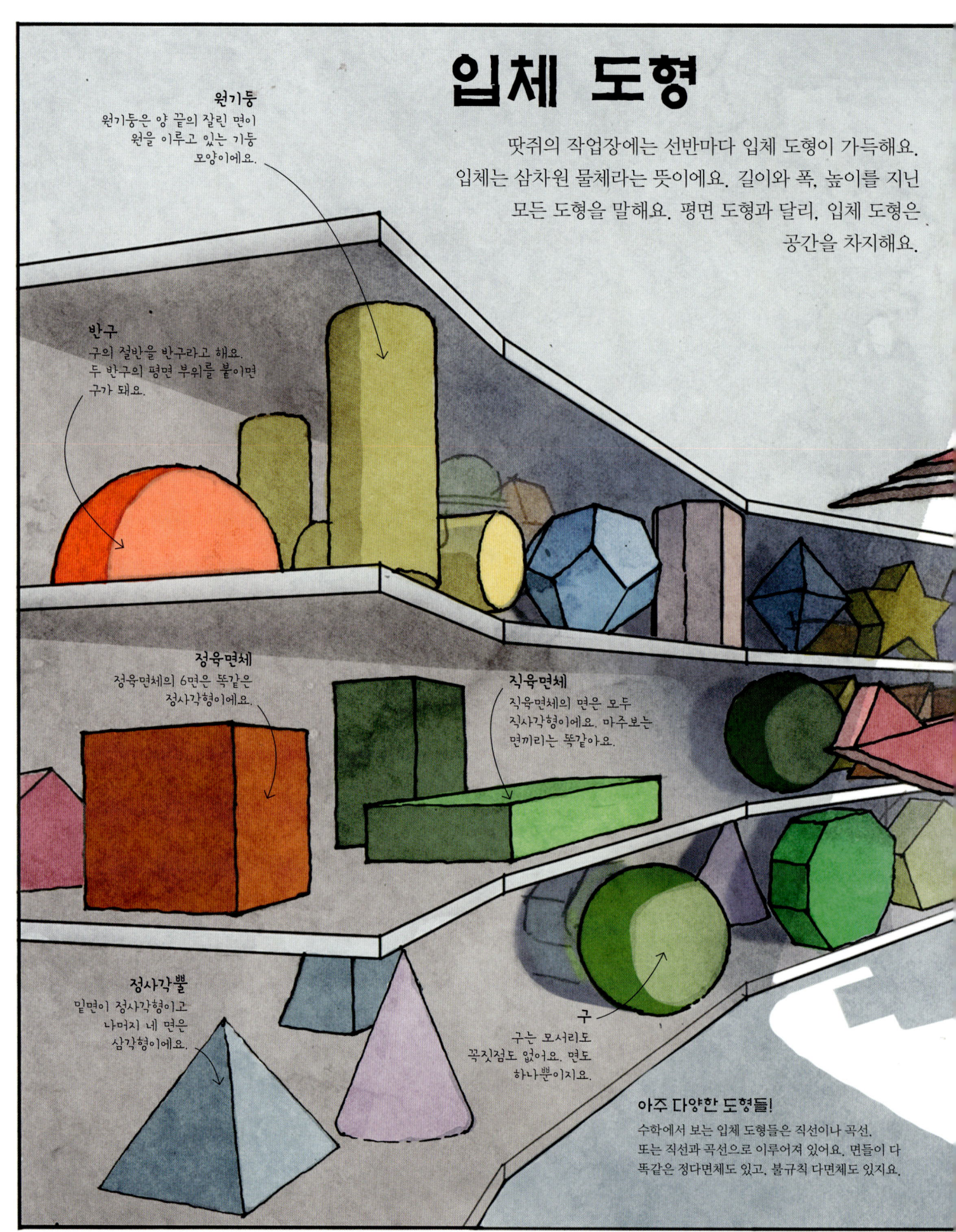

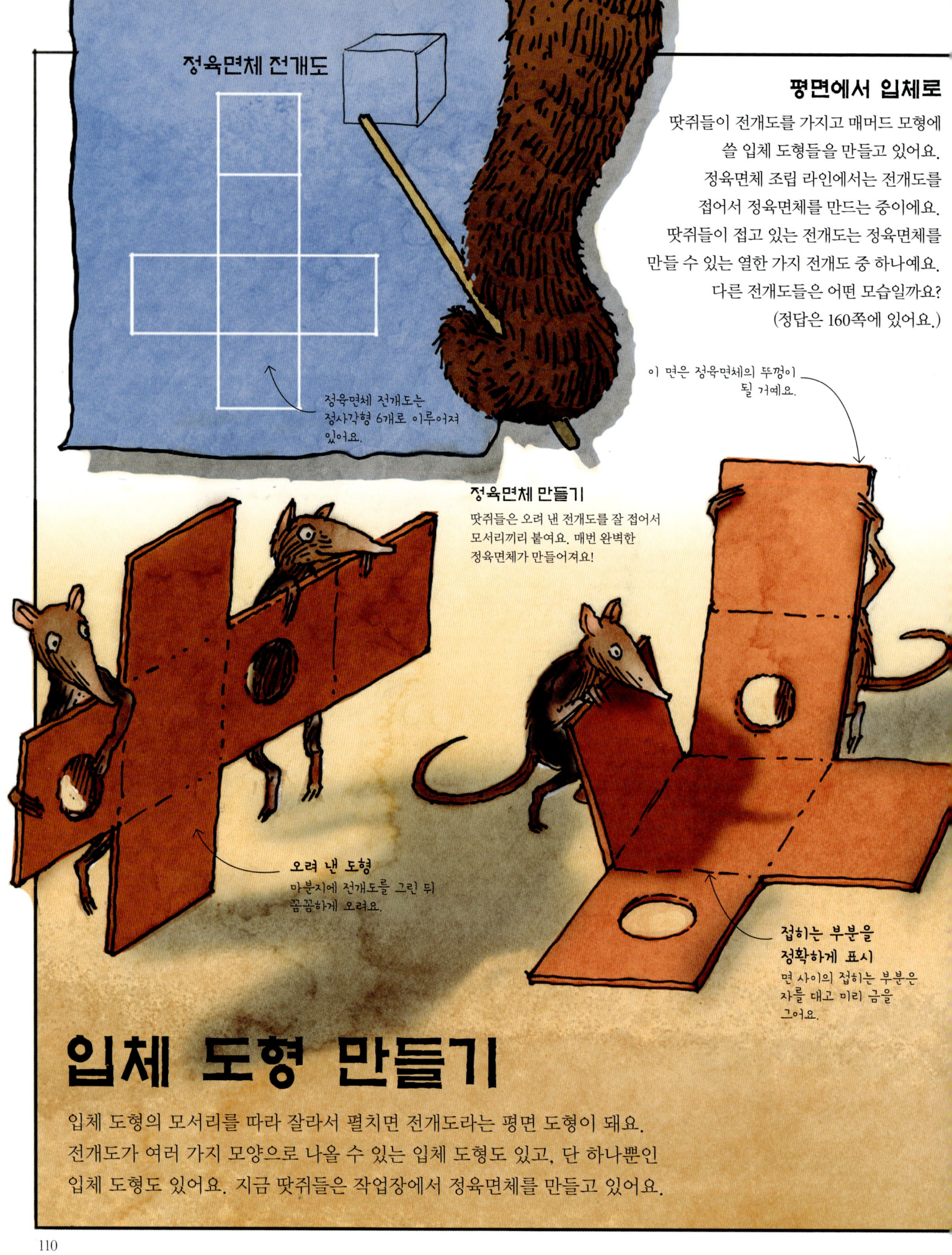

평면에서 입체로

땃쥐들이 전개도를 가지고 매머드 모형에 쓸 입체 도형들을 만들고 있어요. 정육면체 조립 라인에서는 전개도를 접어서 정육면체를 만드는 중이에요. 땃쥐들이 접고 있는 전개도는 정육면체를 만들 수 있는 열한 가지 전개도 중 하나예요. 다른 전개도들은 어떤 모습일까요? (정답은 160쪽에 있어요.)

정육면체 전개도

정육면체 전개도는 정사각형 6개로 이루어져 있어요.

이 면은 정육면체의 뚜껑이 될 거예요.

정육면체 만들기

땃쥐들은 오려 낸 전개도를 잘 접어서 모서리끼리 붙여요. 매번 완벽한 정육면체가 만들어져요!

오려 낸 도형
마분지에 전개도를 그린 뒤 꼼꼼하게 오려요.

접히는 부분을 정확하게 표시
면 사이의 접히는 부분은 자를 대고 미리 금을 그어요.

입체 도형 만들기

입체 도형의 모서리를 따라 잘라서 펼치면 전개도라는 평면 도형이 돼요. 전개도가 여러 가지 모양으로 나올 수 있는 입체 도형도 있고, 단 하나뿐인 입체 도형도 있어요. 지금 땃쥐들은 작업장에서 정육면체를 만들고 있어요.

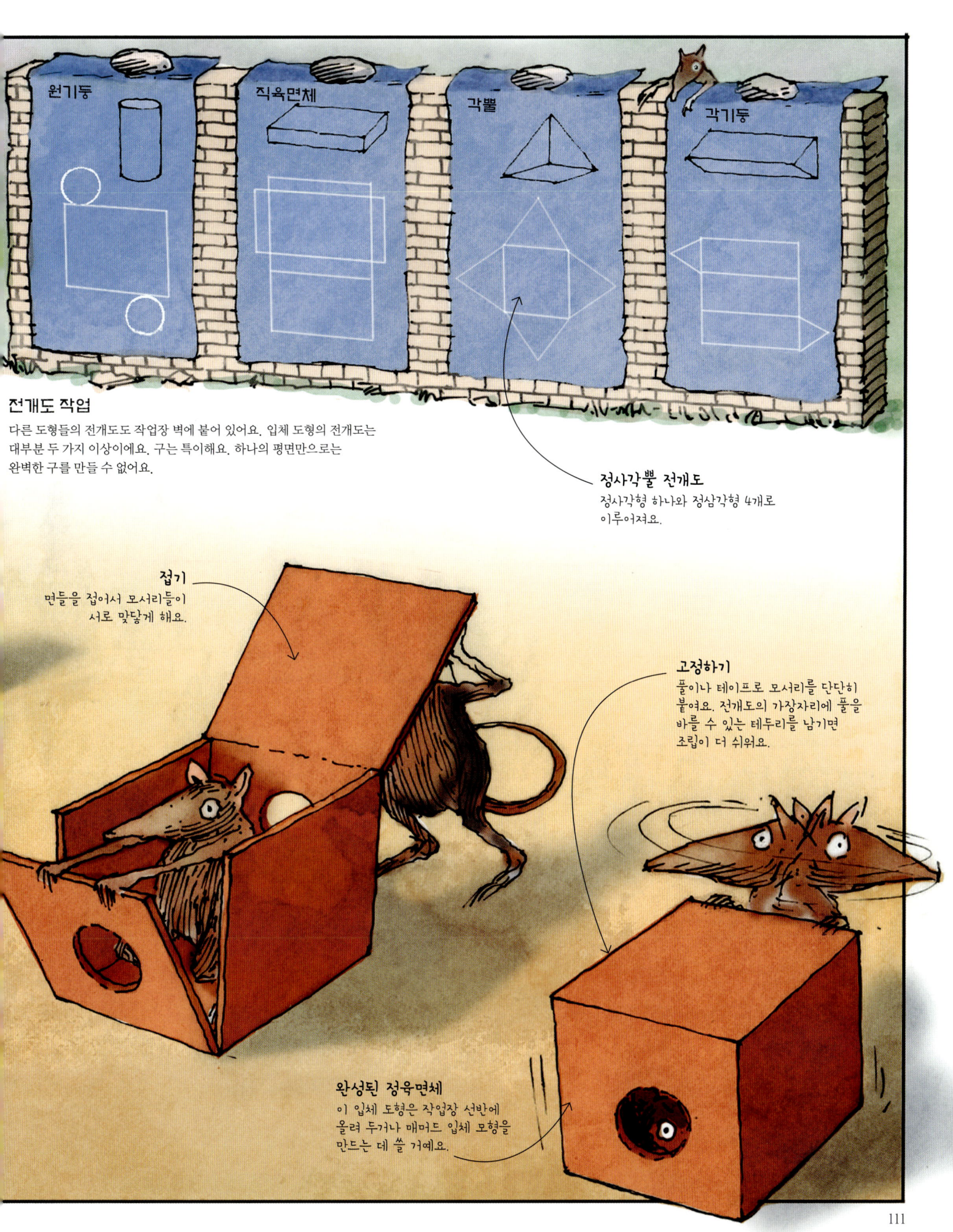

다면체

다면체는 다각형인 평면과 직선인 모서리로 이루어진 입체 도형이에요. 수학에서 다루는 대부분의 도형들처럼, 면들이 같은 크기의 정다각형으로 이루어진 정다면체도 있고, 크기와 모양이 제각각인 면들로 이루어진 불규칙 다면체도 있어요.

팔각기둥
이 기둥의 양쪽 면은 팔각형이에요.

직각기둥
직육면체 기둥이라고도 해요. 양쪽 면은 직사각형이에요.

삼각기둥
이 치즈 조각은 양쪽 면이 삼각형이에요.

불가능한 모양들

불가능한 모양은 그릴 수는 있지만, 실제로 만들 수는 없는 것들이에요. 우리 뇌가 눈으로 들어오는 정보를 이해하려고 애쓰기 때문에 일어나는 착시지요. 불가능한 삼차원 모양을 보게끔 뇌를 속이는 이차원 그림들을 살펴볼까요?

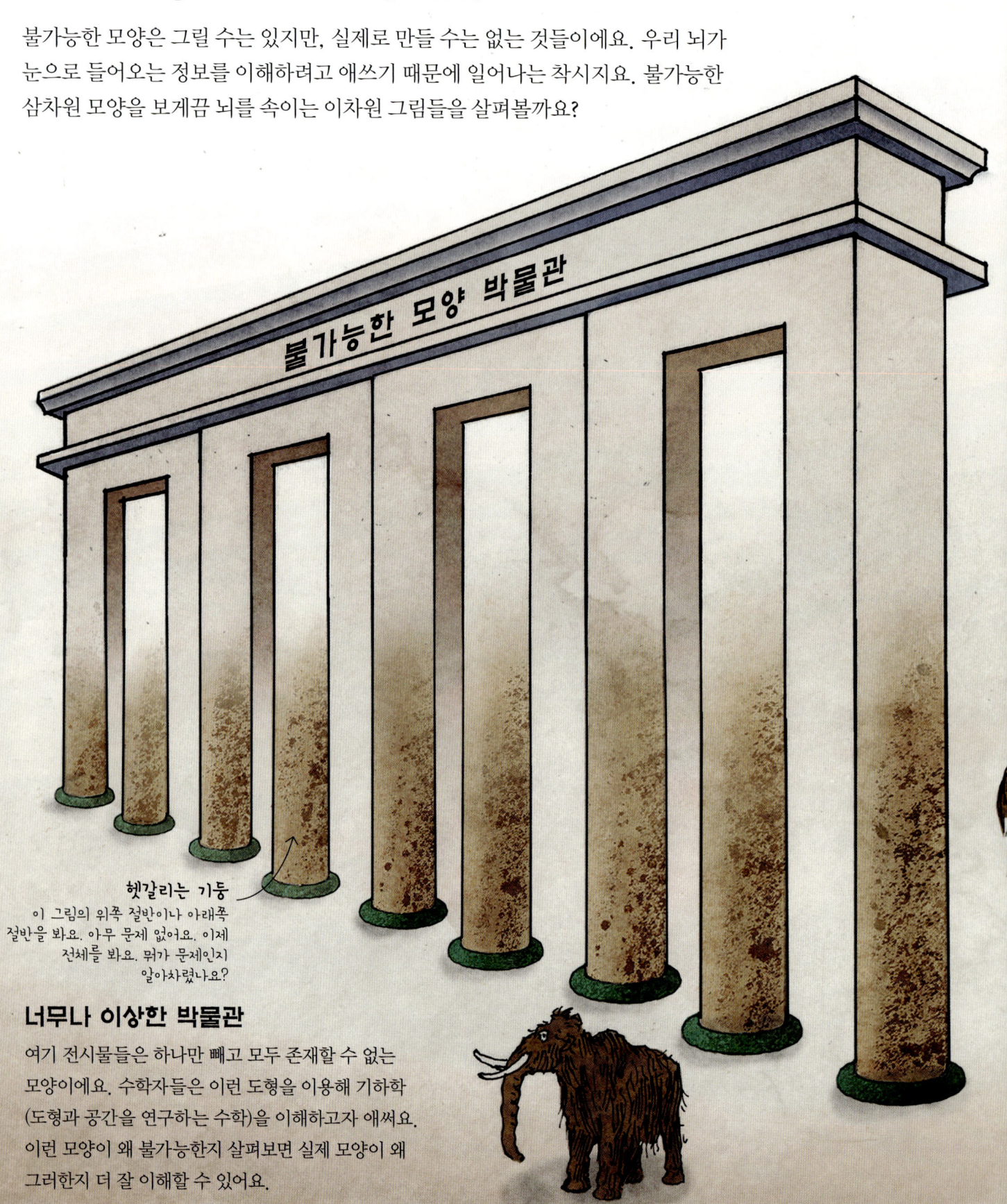

헷갈리는 기둥
이 그림의 위쪽 절반이나 아래쪽 절반을 봐요. 아무 문제 없어요. 이제 전체를 봐요. 뭐가 문제인지 알아차렸나요?

너무나 이상한 박물관

여기 전시물들은 하나만 빼고 모두 존재할 수 없는 모양이에요. 수학자들은 이런 도형을 이용해 기하학 (도형과 공간을 연구하는 수학)을 이해하고자 애써요. 이런 모양이 왜 불가능한지 살펴보면 실제 모양이 왜 그러한지 더 잘 이해할 수 있어요.

얼마나 많을까?
얼마나 클까?
얼마나 길까?

측정하기

매머드 조각가가 조각할 준비를 하고 있어요. 이 거대한 조각가는 먼저 알맞은 크기의 돌을 찾아야 해요. 코끼리땃쥐들이 돌덩어리의 폭, 길이, 높이를 열심히 재고 있어요. 이 돌에서 매머드의 다음 걸작이 탄생할까요?

길이

두 점 사이의 거리를 길이라고 해요. 길이는 킬로미터, 미터, 센티미터, 밀리미터 같은 측정 단위를 써서 잴 수 있어요. 폭, 높이, 깊이는 모두 길이를 다르게 부르는 말이에요.

작은 것 재기

작은 것을 재려면, 작은 측정 단위를 써야 해요. 1cm는 10mm이고, 1m는 100cm예요. 이 개미는 길이가 8mm밖에 안 돼요. 미터로 재면 0.008m지요. 몹시 헷갈리지요!

둘레 계산

도형의 가장자리를 따라 한 바퀴 돈 거리를 둘레라고 해요. 도형의 각 가장자리를 꼼꼼하게 재면 둘레를 알 수 있어요. 즉 각 변의 길이를 재어서 모두 더하면 둘레의 총 길이를 알 수 있지요.

이 도형의 둘레는 얼마일까요?

$4 + 5 + 2 + 6 + 2 + 3 + 4 + 3 + 4 + 6 + 4 + 5$
$= 48$ m

폭
대상의 한 변과 마주보는 변 사이의 거리를 폭이라고 해요.

높이
대상의 바닥과 꼭대기 사이의 거리예요. 위로 곧게 잰 거리지요!

길이
-리는 길이가 두 점 사이의 거리임을 알아요. 길이는 도형의 가장 긴 변을 가리킬 때도 써요.

곧은자
땃쥐들은 곧은자를 줄자와 함께 써서 정확한 길이를 재고 있어요.

면적

평면 도형의 안쪽 공간을 면적이라고 해요. 면적은 단위 넓이로 측정해요. 단위 넓이는 네 변의 길이가 모두 같은 정사각형을 가리켜요. 제곱킬로미터, 제곱미터, 제곱센티미터는 가장 자주 쓰는 단위 넓이예요. 단위 넓이는 위첨자 2를 써서 나타내요. $5m^2$처럼요.

손가락이 초록으로 물든 땃쥐들

땃쥐들이 텃밭에서 바쁘게 일하고 있어요. 텃밭은 정사각형 칸으로 나뉘어 있고, 각 칸에는 땃쥐들이 좋아하는 과일, 꽃, 채소가 자라요. 그런데 텃밭 전체는 얼마나 클까요? 총 면적을 계산하면 알 수 있어요.

폭
텃밭은 폭이 3m예요. 1m짜리 칸이 3개 이어져 있어요.

길이
텃밭의 길이는 4m예요. 길이가 1m인 칸이 4개 이어져 있어요.

정사각형 세기
텃밭의 한 칸은 변이 1m인 정사각형이에요. 울타리 안에 있는 이 칸의 수를 세면, 직사각형 텃밭의 총 면적을 알 수 있어요. 칸이 모두 12개니까, 면적은 $12m^2$예요.

단위 넓이
텃밭의 한 칸은 길이 1m, 폭 1m인 정사각형이에요. 따라서 각 칸의 면적은 1제곱미터, 즉 1m²예요.

계산하기
직사각형의 면적을 계산하는 또 한 가지 방법은 길이와 폭을 곱하는 거예요. 이 텃밭은 길이가 4m이고 폭이 3m예요. 4 × 3 = 12이므로, 면적은 12m²예요.

면적 = 길이 × 폭

아주 달콤한 부피

이 상자의 부피는 얼마일까요? 땃쥐들이 알아내고자 애쓰고 있어요. 궁리 끝에 땃쥐들은 완벽한 정육면체 모양의 각설탕 수백 개를 준비했어요. 매머드의 도움을 받아 각설탕들을 줄줄이 상자에 채워 나가요.

부피

부피는 입체로 된 대상이 차지하는 공간의 양이에요. 무언가가 삼차원 공간에서 얼마나 큰지 나타내는 방법이에요. 부피는 세제곱 단위로 재요. 세제곱 단위는 높이, 폭, 길이가 모두 한 단위인 정육면체를 가리켜요. 세제곱 단위는 위첨자 3을 써서 표시해요. $4m^3$처럼요.

완벽한 정육면체

땃쥐들은 각설탕을 하나하나 꼼꼼히 측정했어요. 각설탕은 모두 완벽한 정육면체예요. 모든 모서리의 길이가 정확히 1cm예요. 따라서 각설탕의 부피는 $1cm^3$예요.

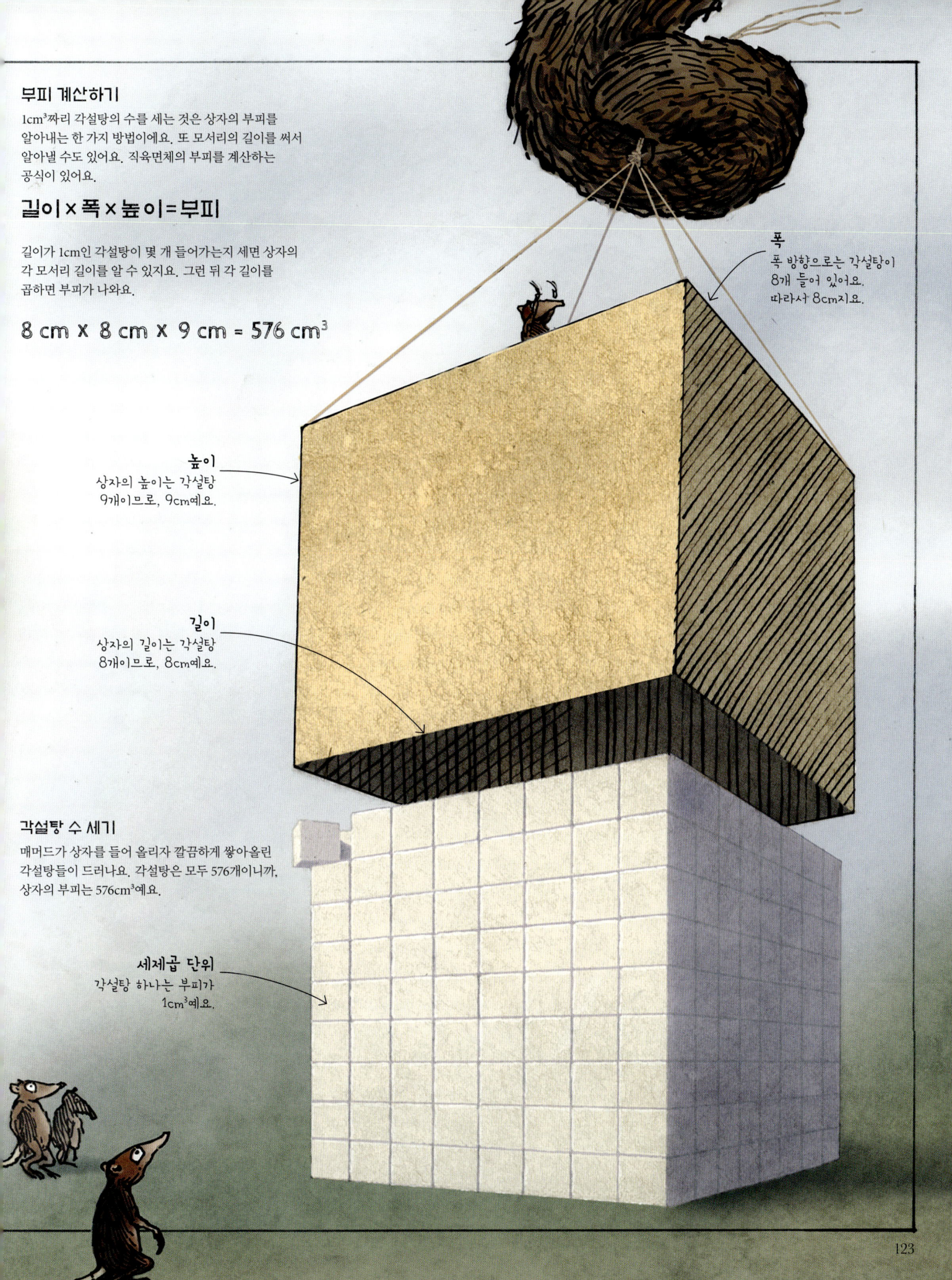

부피 계산하기

1cm³짜리 각설탕의 수를 세는 것은 상자의 부피를 알아내는 한 가지 방법이에요. 또 모서리의 길이를 써서 알아낼 수도 있어요. 직육면체의 부피를 계산하는 공식이 있어요.

길이×폭×높이=부피

길이가 1cm인 각설탕이 몇 개 들어가는지 세면 상자의 각 모서리 길이를 알 수 있지요. 그런 뒤 각 길이를 곱하면 부피가 나와요.

$$8\,cm \times 8\,cm \times 9\,cm = 576\,cm^3$$

폭
폭 방향으로는 각설탕이 8개 들어 있어요. 따라서 8cm지요.

높이
상자의 높이는 각설탕 9개이므로, 9cm예요.

길이
상자의 길이는 각설탕 8개이므로, 8cm예요.

각설탕 수 세기

매머드가 상자를 들어 올리자 깔끔하게 쌓아올린 각설탕들이 드러나요. 각설탕은 모두 576개이니까, 상자의 부피는 576cm³예요.

세제곱 단위
각설탕 하나는 부피가 1cm³예요.

속도

속도를 측정하려면 두 가지를 알아야 해요. 무언가가 얼마나 빨리 움직이는지, 가는 데 시간이 얼마나 걸리는지를요. 둘을 알면, 어떤 대상이 얼마나 빨리 움직이는지 계산할 수 있어요.

마구 달려가는 매머드
매머드가 쿵쿵거리며 힘차게 달려요. 그런데 실제로 얼마나 빨리 움직일까요?

이럇, 달려!
딴쥐는 매머드를 꽉 잡아야 할 거예요. 최고 속도로 달리던 매머드가 속도를 늦추려면 시간이 좀 걸릴 수 있으니까요.

100 m

삼각형 공식

거리를 시간으로 나누면 속도를 구할 수 있어요. 공식으로 적으면 이렇게 돼요.

$$속도 = \frac{거리}{시간}$$

이 공식은 삼각형으로 나타낼 수도 있어요. 삼각형의 세 값 중 두 값을 알면 나머지 하나 값도 알아낼 수 있어요.

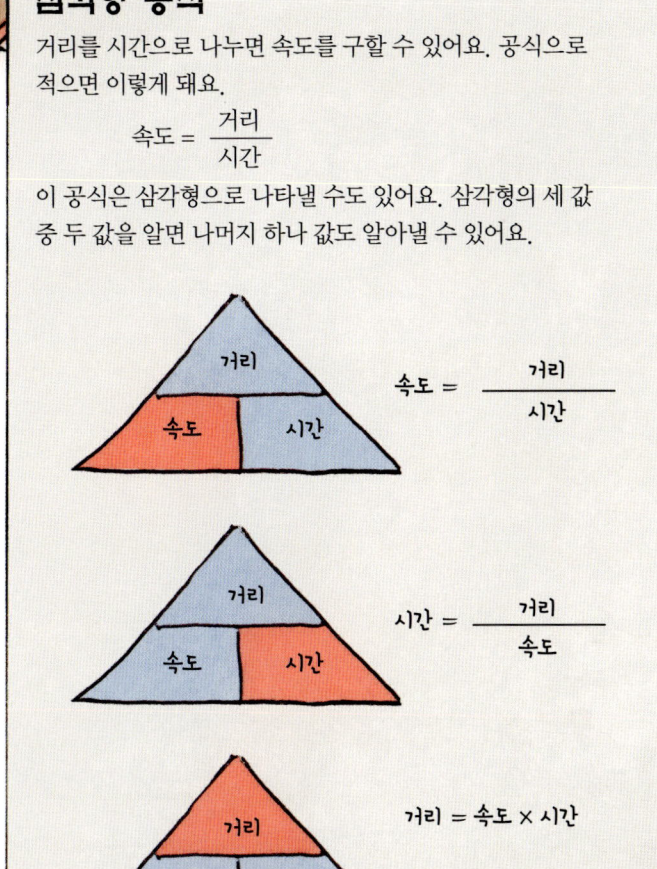

$$속도 = \frac{거리}{시간}$$

$$시간 = \frac{거리}{속도}$$

$$거리 = 속도 \times 시간$$

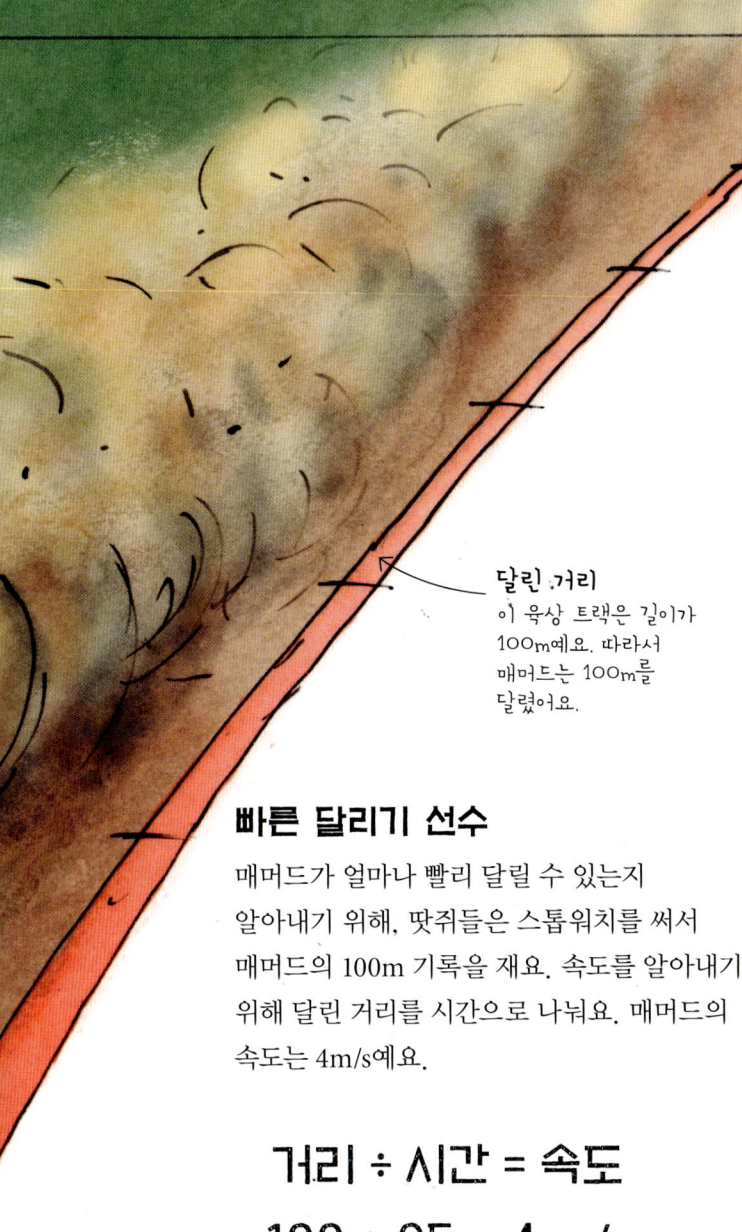

달린 거리
이 육상 트랙은 길이가 100m예요. 따라서 매머드는 100m를 달렸어요.

빠른 달리기 선수

매머드가 얼마나 빨리 달릴 수 있는지 알아내기 위해, 땃쥐들은 스톱워치를 써서 매머드의 100m 기록을 재요. 속도를 알아내기 위해 달린 거리를 시간으로 나눠요. 매머드의 속도는 4m/s예요.

거리 ÷ 시간 = 속도
100 ÷ 25 = 4 m/s

'1초에 몇 미터'라는 뜻이에요.

시간 기록
매머드가 결승선을 지나는 순간 땃쥐는 시계를 멈춰요. 매머드는 100m를 25초에 달렸네요.

무게와 질량

어떤 대상에 들어 있는 물질이나 재료의 양을 질량이라고 해요. 사람들은 무게를 질량이라는 뜻으로 쓰기도 하지만, 사실 무게는 질량과 달라요. 무게는 어떤 대상에 작용하는 중력의 크기이며, 뉴턴(N) 단위로 재요. 질량은 밀리그램, 그램, 킬로그램, 톤 같은 미터법 단위로 재요.

질량 측정

이제 코끼리땃쥐들은 질량이 무엇인지 아니까 직접 재 볼 거예요. 매머드와 몇몇 친구들의 질량을 재요. 몸집별로 가장 알맞은 미터법 단위를 써요.

작은 개미
개미는 땃쥐가 체중계 측정값을 읽을 때까지 참을성 있게 기다려요. 개미는 질량이 아주 작아요. 겨우 5mg이지요.

작은 땃쥐
땃쥐가 체중계에 올라가요. 다른 땃쥐가 질량을 적어요. 10g이네요.

밀리그램
작고 가벼운 것의 질량은 작은 단위로 재요. 밀리그램(mg)이지요. 나노그램처럼 더 작은 단위도 있는데, 현미경을 써야 볼 수 있는 아주 작은 대상의 질량을 재는 데 쓰여요.

그램
1그램은 1,000mg이에요. 종이 클립은 질량이 약 1g, 바나나는 약 30g, 책은 약 140g이에요.

킬로그램
1킬로그램은 1,000g이에요. 중간 크기의 물 한 병은 질량이 약 1kg이에요. 고양이는 약 4kg, 그랜드피아노는 약 500kg이에요.

무거운 매머드
매머드는 여기서 가장 큰 동물이에요. 질량이 무려 6톤이나 돼요.

무거운 뱀
커다란 뱀은 이 커다란 저울로 재요. 땃쥐가 안전하게 떨어진 곳에서 뱀의 질량을 꼼꼼하게 재요. 15kg이에요.

톤
아주 무거운 대상은 톤으로 잴 수 있어요. 1톤은 1,000kg이에요. 바다코끼리는 질량이 약 1톤이고, 아프리카코끼리는 약 4톤, 화물 자동차는 약 40톤이나 되지요.

시간을 재요

시간이 얼마나 흘렀는지 알면 벌어지는 일들을 추적하는 데 도움이 돼요. 케이크를 굽는 데 얼마나 걸리는지, 여행을 하는 데 얼마나 걸리는지, 친구와 언제 만날지 알고 싶다고요? 하루 중 몇 시인지는 초, 분, 시로 나타내요. 시간을 알려면 시계가 필요해요.

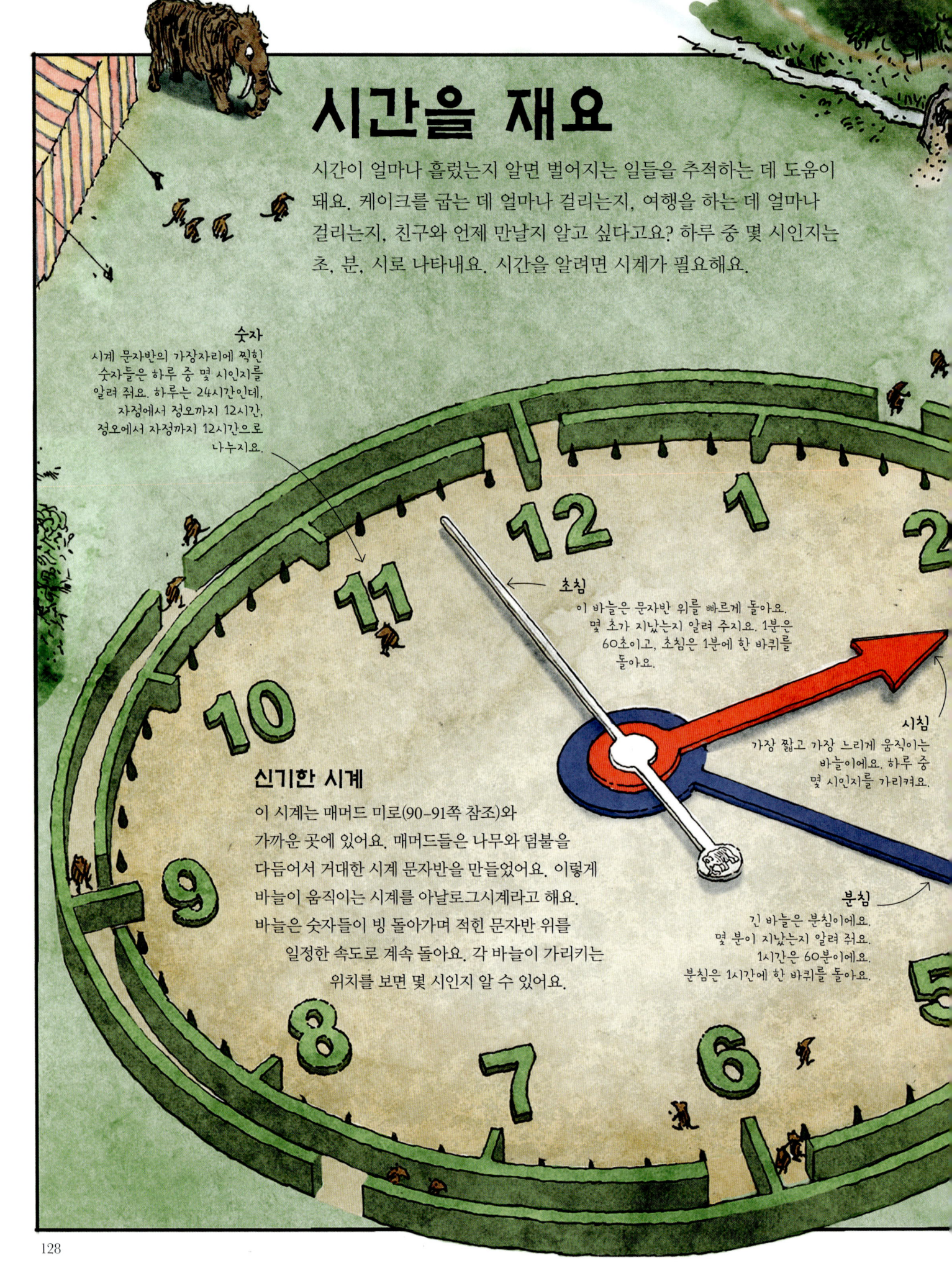

숫자
시계 문자판의 가장자리에 찍힌 숫자들은 하루 중 몇 시인지를 알려 줘요. 하루는 24시간인데, 자정에서 정오까지 12시간, 정오에서 자정까지 12시간으로 나누지요.

초침
이 바늘은 문자판 위를 빠르게 돌아요. 몇 초가 지났는지 알려 주지요. 1분은 60초이고, 초침은 1분에 한 바퀴를 돌아요.

시침
가장 짧고 가장 느리게 움직이는 바늘이에요. 하루 중 몇 시인지를 가리켜요.

신기한 시계
이 시계는 매머드 미로(90-91쪽 참조)와 가까운 곳에 있어요. 매머드들은 나무와 덤불을 다듬어서 거대한 시계 문자판을 만들었어요. 이렇게 바늘이 움직이는 시계를 아날로그시계라고 해요. 바늘은 숫자들이 빙 돌아가며 적힌 문자판 위를 일정한 속도로 계속 돌아요. 각 바늘이 가리키는 위치를 보면 몇 시인지 알 수 있어요.

분침
긴 바늘은 분침이에요. 몇 분이 지났는지 알려 줘요. 1시간은 60분이에요. 분침은 1시간에 한 바퀴를 돌아요.

디지털시계

디지털시계는 두 가지 숫자로 시간을 표시해요. 앞의 수는 하루 중 몇 시, 뒤의 수는 그 시간 중 몇 분인지 알려 줘요. 일부 디지털시계는 12시간 단위로 표시를 해요. 옆에 'am'과 'pm'을 써서 오전과 오후를 표시하지요. 00:00부터 시작해서 자정까지 24시간 단위로 보여 주는 시계도 있어요. 24시간이 지나면 다시 처음부터 시작하고요.

12시간 시계 / **24시간 시계**

작은 기호
'pm'이니까 '오후' 2시 20분을 뜻해요.

계속 세어요
24시간 시계에서는 2pm이 14시예요. 12시 정오에서 2시간이 지났다는 뜻이지요. 그래서 14시예요.

분 표시
숫자가 아닌 작은 표시는 1시간을 60분으로 나누었다는 뜻이에요. 각 숫자 사이를 5칸씩 나누고 있어요.

시계 방향
시계의 모든 바늘은 이 방향으로 움직여요. 그래서 이 방향을 시계 방향이라고 해요.

정각
분침이 12를 가리킬 때를 '정각'이라고 해요. 지금은 8시 정각이에요.

30분
분침이 6을 가리키면, 1시간의 절반인 30분이 지났다는 뜻이에요. 이 시계는 2시 30분을 가리켜요.

몇 분
분침이 12를 가리킬 때부터 얼마나 지났는지 숫자를 세어요. 지금은 4시 5분이에요.

15분
분침이 3을 가리키면 1시간의 ¼, 즉 15분이 지났다는 뜻이에요. 이 시계는 10시 15분을 가리켜요.

몇 분 전
분침이 6을 넘어가면 다음 시간까지 몇 분이 남았는지로 시간을 표현하기도 해요. 이 시계는 5시 25분 전을 가리켜요.

15분 전
분침이 9를 가리키면 다음 시간까지 15분 남았다는 뜻이에요. 이 시계는 7시 15분 전을 가리켜요.

온도

무언가가 얼마나 뜨거운지 차가운지를 정확히 알아야 할 때도 있어요. 온도를 재면 오늘 날씨와 어제 날씨를 비교할 수 있어요. 또 냉장고의 식품이 차갑고 신선하게 보관되고 있는지, 자기 체온이 정상인지 열이 나는지도 확인할 수 있어요.

서로 다른 온도 눈금
이 온도계는 온도를 두 가지 단위로 측정해요. 섭씨(°C)와 화씨(°F)예요.

눈금 읽기
온도계의 양쪽에는 눈금이 새겨져 있어요. 자나 수직선처럼, 눈금은 온도가 얼마나 높거나 낮은지 알려 줘요.

날씨 관측
보통 온도계에는 눈에 잘 띄는 색깔의 액체가 들어 있어요. 이 액체는 더울 때 팽창하고 추울 때 수축하면서 관 속을 오르내려요. 관 옆쪽에 있는 눈금을 읽으면 몇 도인지 알 수 있어요.

너무 더워!
날이 더울수록 온도계의 액체는 더 높이 올라가요. 온도가 42°C네요. 매머드와 땃쥐들이 서둘러 몸을 식혀야 한다는 뜻이에요!

데이터 발견하기

새의 행동 추적하기

매머드는 빈도표를 써서 어느 새들이 모이대를 얼마나 자주 찾는지 정보를 수집해요. 이 표에는 요일별로 어떤 새가 몇 마리나 왔는지 적혀 있어요. 매머드는 모은 데이터를 분석해서 새 모이를 얼마나 쌓아놓아야 할지 계산해요. 또 어느 새가 덜 들르는지 살펴서, 더 많이 끌어들이려면 다른 먹이를 놓아야 하는지도 판단할 수 있어요.

새 아님!
털 달린 발이 보이잖아요! 방해꾼이에요.

맛있는 모이
5종류의 새가 모이대를 찾아요.

데이터의 종류

숫자 형태의 데이터를 정량 데이터라고 해요. 정량 데이터는 크게 두 종류가 있어요. 이산 데이터와 연속 데이터죠. 이산 데이터는 하나하나 셀 수 있어요. 또 특정 값만 지닐 수 있어요. 예를 들어, 교실에 있는 아이들의 수는 이산 데이터예요. 사람은 한 명씩 세니까요. 연속 데이터는 측정해서 값을 찾아요. 어느 범위의 어떤 값이든 가질 수 있지요. 또 시간이 흐르면서 바뀔 수 있어요.

키 재기
키는 연속 데이터예요. 가능한 사람의 키 범위 내에서 어떤 값이든 가질 수 있으니까요.

점수 세기
축구 경기에서 넣는 골의 점수는 이산 데이터예요.

데이터 처리

데이터를 모은 다음 분석하거나 이해하기 쉽게 데이터를 보여 주는 다양한 방법이 있어요. 도표나 그래프를 그리면 데이터를 더 명확히 알아볼 수 있고, 부분집합끼리 비교하기도 더 쉬워요. 데이터의 종류에 따라서 알맞은 도표의 종류도 달라져요.

이 데이터들은 무엇을 의미하나요?

매머드는 모이대를 찾아오는 새들에 관한 데이터를 모으면서 꼬박 한 주를 보냈어요. 데이터를 새들 앞에서 설명하기 위해서, 매머드는 세 가지 도표를 그렸어요.

원 그래프

원 그래프는 데이터의 부분집합들을 원형 '파이' 조각으로 보여 줘요. 하나의 부분집합을 전체와 비교하기 쉬워요. 매머드는 원 그래프를 가지고 한 주 동안 찾아온 새들의 비율을 종류별로 보여 줘요.

새 종류

참새
참새가 ¼ 이상을 차지했어요.

일러두기
- 비둘기
- 참새
- 핀치
- 까마귀
- 까치
- 모름

일러두기
새마다 도표에 다른 색깔로 표시했어요.

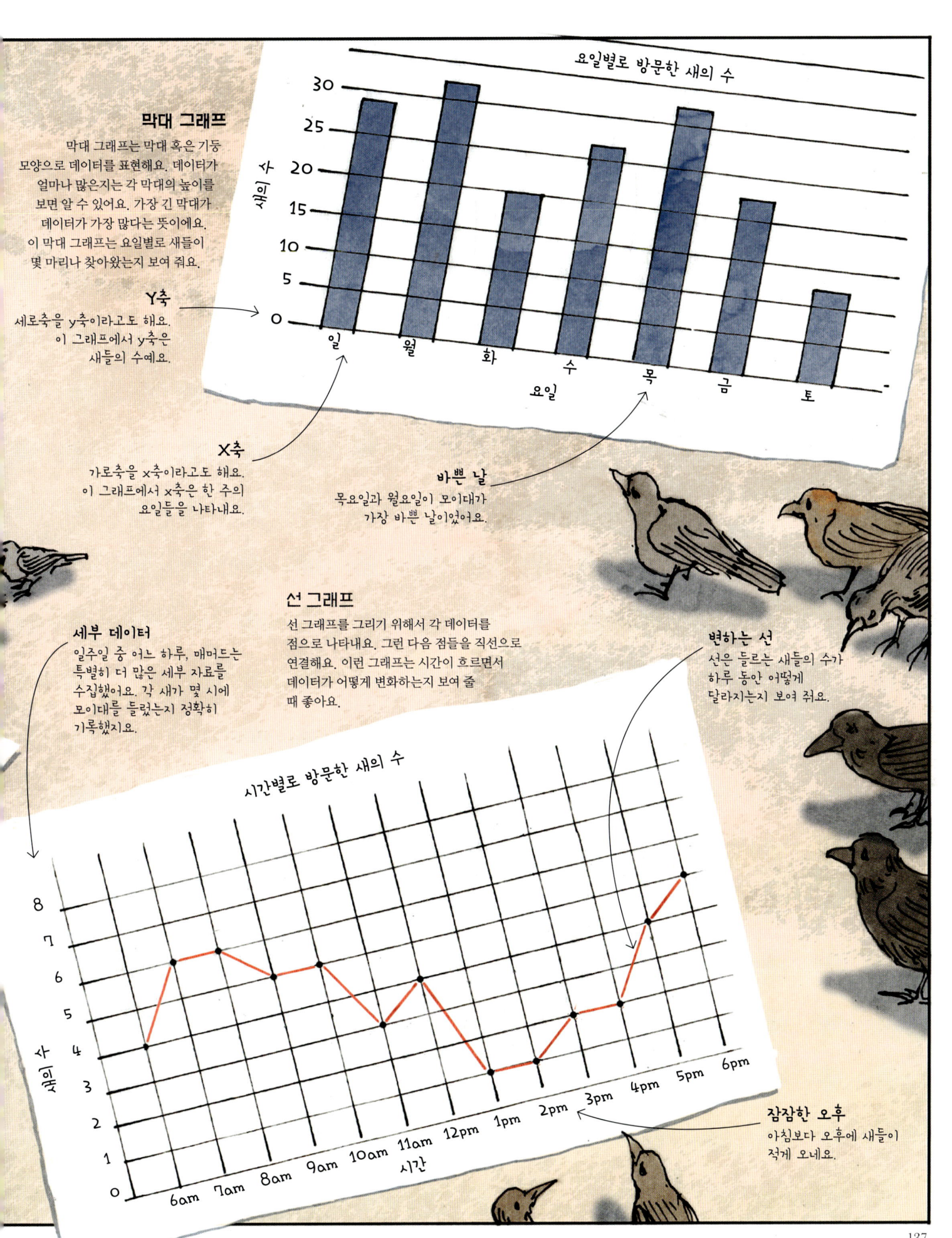

벤 다이어그램

여러 집단을 하나로 모을 때는 벤 다이어그램으로 나타내면 좋아요. 비슷한 특징을 지닌 것들끼리 하나로 묶어서(집합) 서로 겹치는 원으로 보여 주는 거예요. 벤 다이어그램은 한 집단의 누가 다른 집단과 비슷하거나 다른지 보여 줘요.

운동하는 땃쥐들의 집합

수학에서 집합은 공통점을 가진 대상이나 수의 집단이에요. 축구를 하거나 아이스하키를 하거나 스노클링을 하거나 간에, 이 땃쥐들은 어떤 집합에 속해요. 둘 이상의 운동을 즐기는 땃쥐는 둘 이상의 집합에 속해요. 세 집합에 속한 땃쥐도 있어요! 이 모든 땃쥐들을 이해하기 쉽게 보여 주기 위해서 매머드는 벤 다이어그램을 사용해요.

축구 애호가
노란 원 안의 땃쥐들은 모두 축구를 좋아해요.

스노클링을 하는 축구 애호가
이 땃쥐는 스노클링과 축구 둘 다 좋아하기 때문에 초록 원과 노란 원이 겹치는 곳에 있어요.

헤쳐 모여요!

매머드가 호루라기를 불자, 땃쥐들은 각자 좋아하는 운동에 따라 헤쳐 모였어요. 세 가지 운동을 전부 좋아하는 땃쥐들은 벤 다이어그램에서 3개의 원이 겹치는 한가운데로 달려가요.

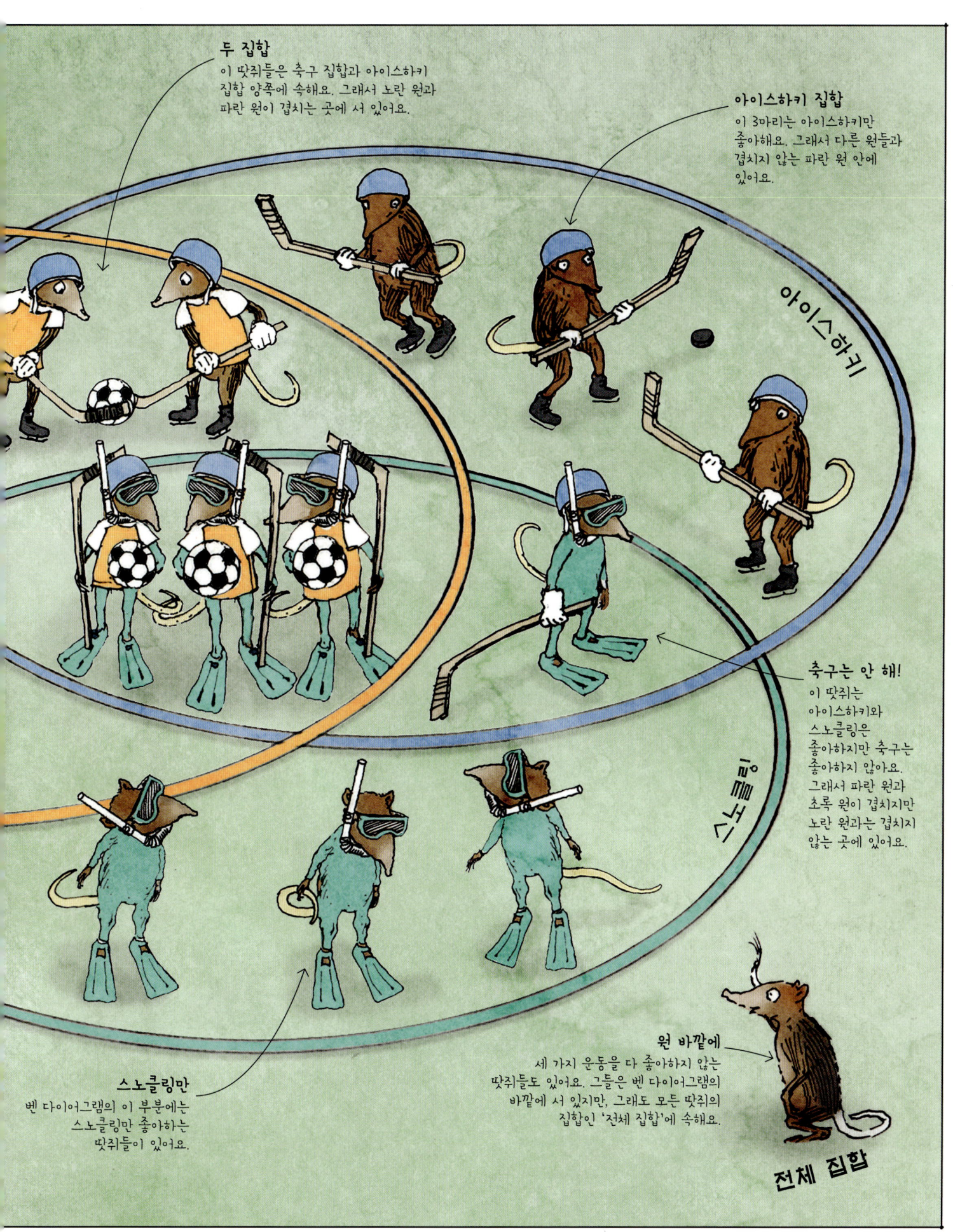

평균

평균은 중간값의 한 종류예요. 집합을 이룬 데이터를 요약하는 데 쓰여요. 전체 집단을 대표하는 전형적인 값을 가지고 집합을 나타내는 방법이에요. 평균에는 세 가지가 있어요. 평균값, 중앙값, 최빈값이에요.

그냥 평범한 하루

이 매머드들은 키가 다 달라요. 땃쥐들은 각 매머드의 키를 잰 뒤에 그 데이터를 써서 평균값, 최빈값, 중앙값을 계산하려고 해요. 땃쥐들이 대나무 장대에 각 평균들을 표시했어요.

범위
집합에서 가장 큰 값과 가장 작은 값 사이의 차이를 범위라고 해요. 가장 큰 매머드는 4m이고 가장 작은 매머드는 1.5m이므로, 키의 범위는 2.5m예요.

최빈값
집합에서 가장 흔한 값이에요. 여기서 최빈값은 1.5m예요. 키가 1.5m인 매머드가 2마리니까요.

확률

무언가가 일어날 가능성을 확률이라고 해요. 확률이 더 큰 사건일수록 일어날 가능성이 더 높아요. 반면에 확률이 더 적다는 것은 일어날 가능성이 더 낮다는 뜻이에요. 확률은 분수로 나타낼 때도 있어요. 동전은 앞면과 뒷면이 있어요. 동전을 던져서 앞면이 나올 확률은 둘 중 하나지요. 즉 $1/2$이에요.

확률의 예

미끄럼 통로와 사다리로 가득한 이 구조물에서 확률 게임을 해요. 매머드들이 차례로 주사위를 던지면 땃쥐들은 나온 숫자에 맞추어서 움직여요. 주사위를 던질 때마다 주사위 면에 있는 6개의 숫자들 중 각각이 나올 확률은 $1/6$이에요. 자주색 엄니를 가진 매머드가 던질 차례예요.

파이팅!
자주색 땃쥐가 위험해요. 매머드가 주사위를 던져서 1이나 6이 나오면 땃쥐는 미끄럼 통로로 빠질 테고, 2가 나오면 사다리를 타고 위로 올라갈 거예요. 땃쥐가 사다리나 미끄럼 통로가 없는 칸으로 갈 확률은 얼마일까요? (정답은 160쪽에.)

$1/6$
주사위는 면이 6개이지만, 바닥에 떨어졌을 때 한 면만 위를 향해요.

주사위 던지기
주사위를 던져서 2가 나오면, 자주색 땃쥐는 사다리를 올라가요. 승리에 가까워져요. 하지만 1이나 6이 나오면 미끄럼 통로로 굴러 떨어질 거예요. 따라서 땃쥐가 사다리를 올라갈 확률은 $1/6$이지만, 미끄럼 통로로 떨어질 확률은 $2/6$로 더 커요.

내 차례 기다리기
이 땃쥐들은 게임에 참가하기 위해 줄서서 기다리고 있어요.

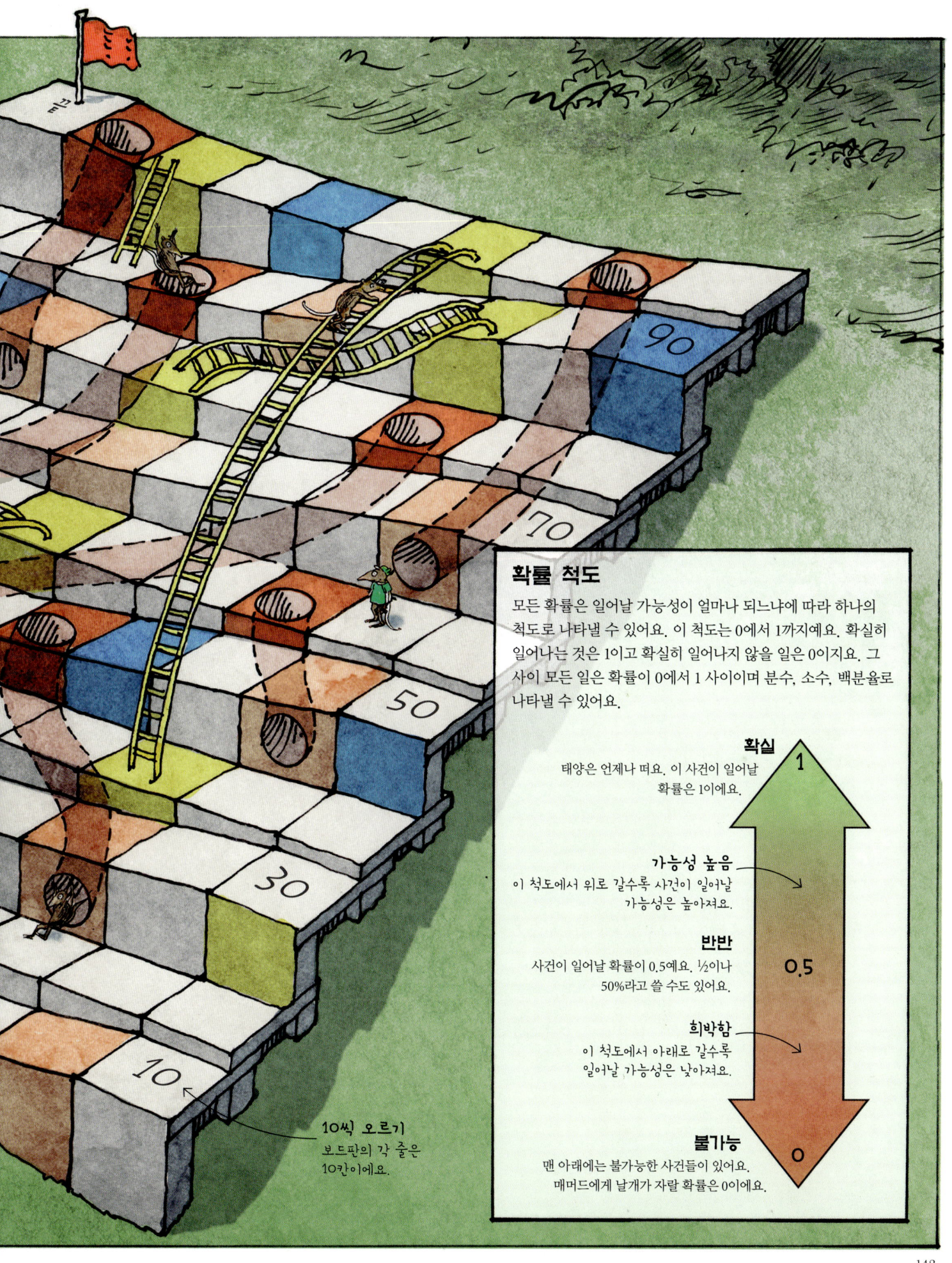

확률 척도

모든 확률은 일어날 가능성이 얼마나 되느냐에 따라 하나의 척도로 나타낼 수 있어요. 이 척도는 0에서 1까지예요. 확실히 일어나는 것은 1이고 확실히 일어나지 않을 일은 0이지요. 그 사이 모든 일은 확률이 0에서 1 사이이며 분수, 소수, 백분율로 나타낼 수 있어요.

확실
태양은 언제나 떠요. 이 사건이 일어날 확률은 1이에요.

가능성 높음
이 척도에서 위로 갈수록 사건이 일어날 가능성은 높아져요.

반반
사건이 일어날 확률이 0.5예요. ½이나 50%라고 쓸 수도 있어요.

희박함
이 척도에서 아래로 갈수록 일어날 가능성은 낮아져요.

불가능
맨 아래에는 불가능한 사건들이 있어요. 매머드에게 날개가 자랄 확률은 0이에요.

10씩 오르기
보드판의 각 줄은 10칸이에요.

참고자료

곱셈

곱셈표

곱셈을 할 때 이런 곱셈표에서 답을 찾거나, 다음 쪽의 표를 이용해 답을 구할 수 있어요.

첫 번째 인수
표의 맨 윗줄에서 첫 번째 인수 6을 찾아요.

$6 \times 9 = 54$

두 번째 인수
이제 표를 아래로 죽 훑으면서 두 번째 인수 9를 찾아요.

만나는 지점
답은 54예요. 두 인수가 만나는 칸의 숫자지요.

×	1	2	3	4	5	6	7	8	9	10	11	12
1	1	2	3	4	5	6	7	8	9	10	11	12
2	2	4	6	8	10	12	14	16	18	20	22	24
3	3	6	9	12	15	18	21	24	27	30	33	36
4	4	8	12	16	20	24	28	32	36	40	44	48
5	5	10	15	20	25	30	35	40	45	50	55	60
6	6	12	18	24	30	36	42	48	54	60	66	72
7	7	14	21	28	35	42	49	56	63	70	77	84
8	8	16	24	32	40	48	56	64	72	80	88	96
9	9	18	27	36	45	54	63	72	81	90	99	108
10	10	20	30	40	50	60	70	80	90	100	110	120
11	11	22	33	44	55	66	77	88	99	110	121	132
12	12	24	36	48	60	72	84	96	108	120	132	144

제곱표

곱셈표는 12까지의 제곱수도 보여 줘요. 제곱수는 곱셈표의 대각선을 따라 나와 있어요.

$9 \times 9 = 81$
표에서 9끼리 만나는 지점에 있는 수는 81이고, 9의 제곱이에요.

×	1	2	3	4	5	6	7	8	9	10	11	12
1	1	2	3	4	5	6	7	8	9	10	11	12
2	2	4	6	8	10	12	14	16	18	20	22	24
3	3	6	9	12	15	18	21	24	27	30	33	36
4	4	8	12	16	20	24	28	32	36	40	44	48
5	5	10	15	20	25	30	35	40	45	50	55	60
6	6	12	18	24	30	36	42	48	54	60	66	72
7	7	14	21	28	35	42	49	56	63	70	77	84
8	8	16	24	32	40	48	56	64	72	80	88	96
9	9	18	27	36	45	54	63	72	81	90	99	108
10	10	20	30	40	50	60	70	80	90	100	110	120
11	11	22	33	44	55	66	77	88	99	110	121	132
12	12	24	36	48	60	72	84	96	108	120	132	144

구구단표

1단
1	×	1	= 1
1	×	2	= 2
1	×	3	= 3
1	×	4	= 4
1	×	5	= 5
1	×	6	= 6
1	×	7	= 7
1	×	8	= 8
1	×	9	= 9
1	×	10	= 10
1	×	11	= 11
1	×	12	= 12

2단
2	×	1	= 2
2	×	2	= 4
2	×	3	= 6
2	×	4	= 8
2	×	5	= 10
2	×	6	= 12
2	×	7	= 14
2	×	8	= 16
2	×	9	= 18
2	×	10	= 20
2	×	11	= 22
2	×	12	= 24

3단
3	×	1	= 3
3	×	2	= 6
3	×	3	= 9
3	×	4	= 12
3	×	5	= 15
3	×	6	= 18
3	×	7	= 21
3	×	8	= 24
3	×	9	= 27
3	×	10	= 30
3	×	11	= 33
3	×	12	= 36

4단
4	×	1	= 4
4	×	2	= 8
4	×	3	= 12
4	×	4	= 16
4	×	5	= 20
4	×	6	= 24
4	×	7	= 28
4	×	8	= 32
4	×	9	= 36
4	×	10	= 40
4	×	11	= 44
4	×	12	= 48

5단
5	×	1	= 5
5	×	2	= 10
5	×	3	= 15
5	×	4	= 20
5	×	5	= 25
5	×	6	= 30
5	×	7	= 35
5	×	8	= 40
5	×	9	= 45
5	×	10	= 50
5	×	11	= 55
5	×	12	= 60

6단
6	×	1	= 6
6	×	2	= 12
6	×	3	= 18
6	×	4	= 24
6	×	5	= 30
6	×	6	= 36
6	×	7	= 42
6	×	8	= 48
6	×	9	= 54
6	×	10	= 60
6	×	11	= 66
6	×	12	= 72

7단
7	×	1	= 7
7	×	2	= 14
7	×	3	= 21
7	×	4	= 28
7	×	5	= 35
7	×	6	= 42
7	×	7	= 49
7	×	8	= 56
7	×	9	= 63
7	×	10	= 70
7	×	11	= 77
7	×	12	= 84

8단
8	×	1	= 8
8	×	2	= 16
8	×	3	= 24
8	×	4	= 32
8	×	5	= 40
8	×	6	= 48
8	×	7	= 56
8	×	8	= 64
8	×	9	= 72
8	×	10	= 80
8	×	11	= 88
8	×	12	= 96

9단
9	×	1	= 9
9	×	2	= 18
9	×	3	= 27
9	×	4	= 36
9	×	5	= 45
9	×	6	= 54
9	×	7	= 63
9	×	8	= 72
9	×	9	= 81
9	×	10	= 90
9	×	11	= 99
9	×	12	= 108

10단
10	×	1	= 10
10	×	2	= 20
10	×	3	= 30
10	×	4	= 40
10	×	5	= 50
10	×	6	= 60
10	×	7	= 70
10	×	8	= 80
10	×	9	= 90
10	×	10	= 100
10	×	11	= 110
10	×	12	= 120

11단
11	×	1	= 11
11	×	2	= 22
11	×	3	= 33
11	×	4	= 44
11	×	5	= 55
11	×	6	= 66
11	×	7	= 77
11	×	8	= 88
11	×	9	= 99
11	×	10	= 110
11	×	11	= 121
11	×	12	= 132

12단
12	×	1	= 12
12	×	2	= 24
12	×	3	= 36
12	×	4	= 48
12	×	5	= 60
12	×	6	= 72
12	×	7	= 84
12	×	8	= 96
12	×	9	= 108
12	×	10	= 120
12	×	11	= 132
12	×	12	= 144

분수

분수 벽

이 벽은 똑같은 양을 서로 다른 분수로 나타낸 거예요.
예를 들어 $1/2$, $2/4$, $4/8$는 모두 같아요.

분수												
$1/2$						$1/2$						
$1/3$				$1/3$				$1/3$				
$1/4$			$1/4$			$1/4$			$1/4$			
$1/5$		$1/5$		$1/5$		$1/5$		$1/5$				
$1/6$		$1/6$		$1/6$		$1/6$		$1/6$		$1/6$		
$1/8$	$1/8$	$1/8$	$1/8$	$1/8$	$1/8$	$1/8$	$1/8$					
$1/10$	$1/10$	$1/10$	$1/10$	$1/10$	$1/10$	$1/10$	$1/10$	$1/10$	$1/10$			
$1/12$	$1/12$	$1/12$	$1/12$	$1/12$	$1/12$	$1/12$	$1/12$	$1/12$	$1/12$	$1/12$	$1/12$	

분수, 소수, 백분율

분수로 나타내거나 적는 방법은 다양해요. 이 표는 분수를 적는 가장 흔한 방법들을 보여 줘요.

전체 중 일부로	집단 중 일부로	단어로	숫자 분수로	소수로	백분율로
		10분의 1	$1/10$	0.1	10%
		8분의 1	$1/8$	0.125	12.5%
		5분의 1	$1/5$	0.2	20%
		4분의 1	$1/4$	0.25	25%
		10분의 3	$3/10$	0.3	30%
		3분의 1	$1/3$	0.33	33%
		5분의 2	$2/5$	0.4	40%
		2분의 1	$1/2$	0.5	50%
		5분의 3	$3/5$	0.6	60%
		4분의 3	$3/4$	0.75	75%

기하학

평면 도형

이 다각형들은 변과 각의 수에 따라서 이름이 붙어 있어요.

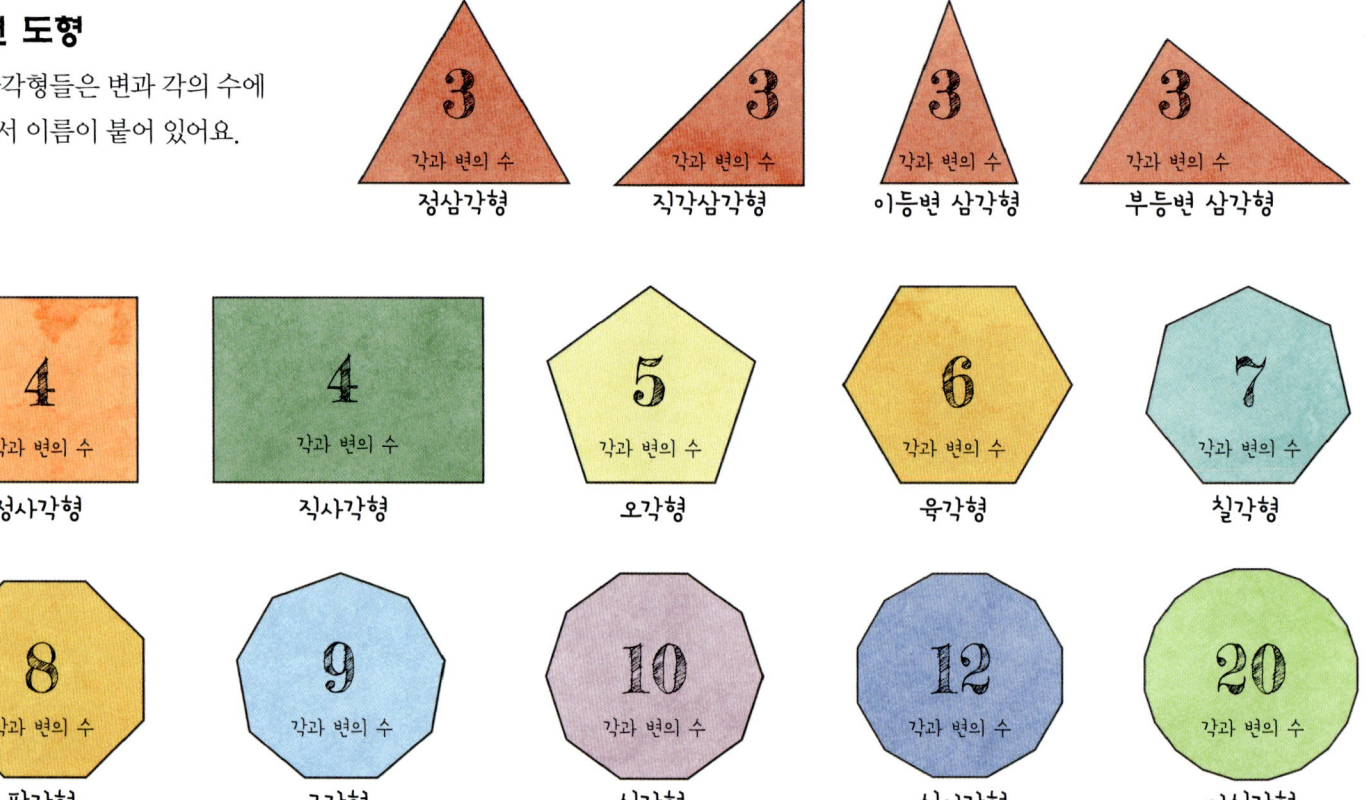

입체 도형

입체 도형은 모양이나 크기가 제각각이에요. 다음은 수학에서 가장 흔히 나오는 입체 도형 몇 가지예요.

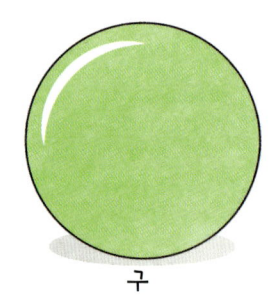
구

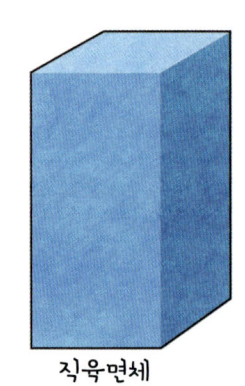
직육면체

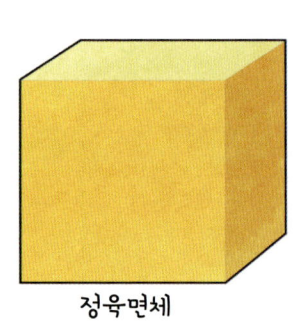
정육면체

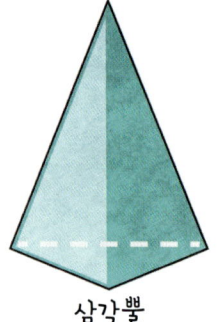
삼각뿔

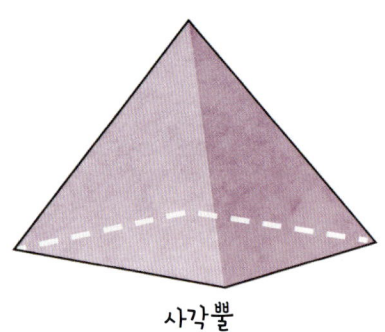
사각뿔

원뿔

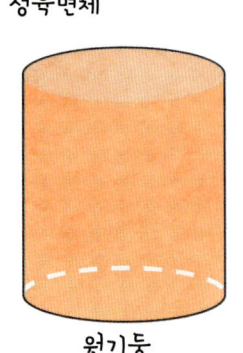
원기둥

원의 각 부분

원에는 다른 도형에 없는 요소들이 있어요.
가장 중요한 것들 몇 가지를 살펴볼까요?

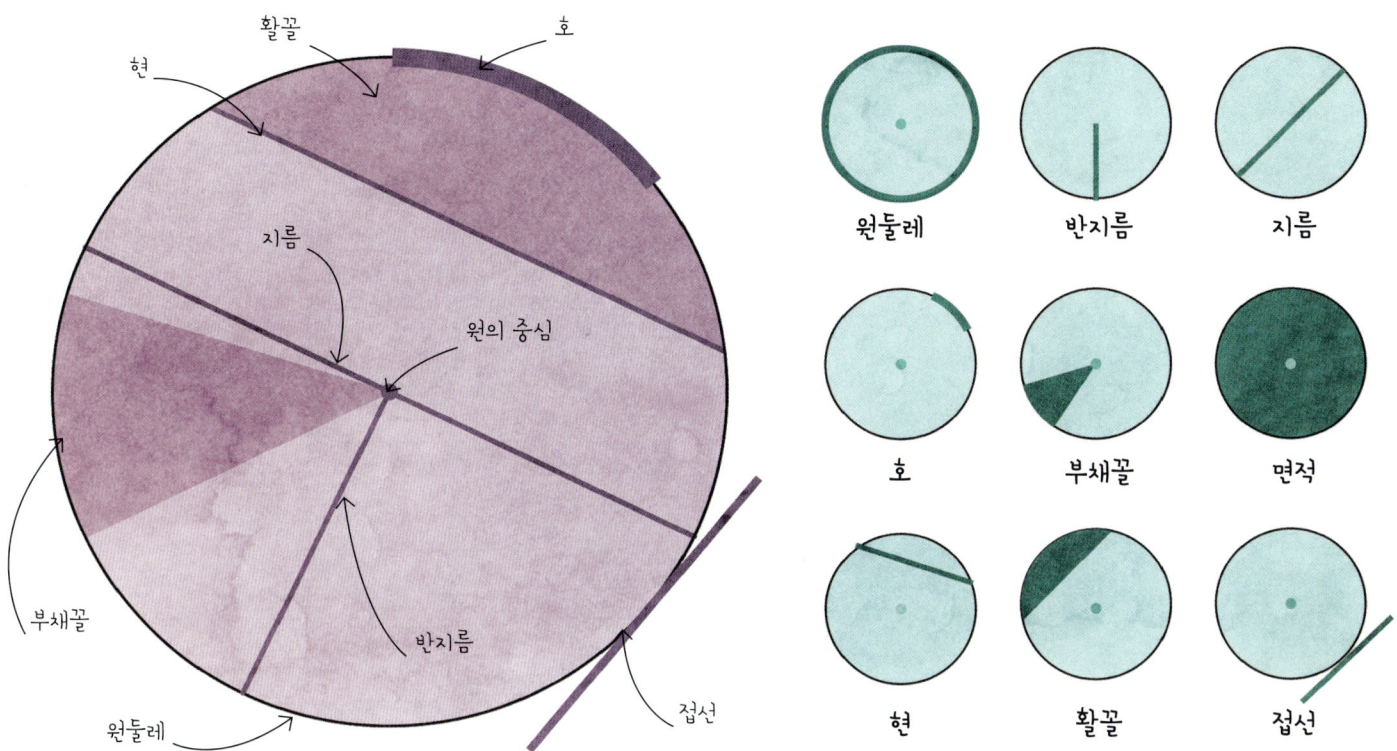

각

각은 크기에 따라서 이름이 붙어 있어요. 각은 다섯 가지예요.

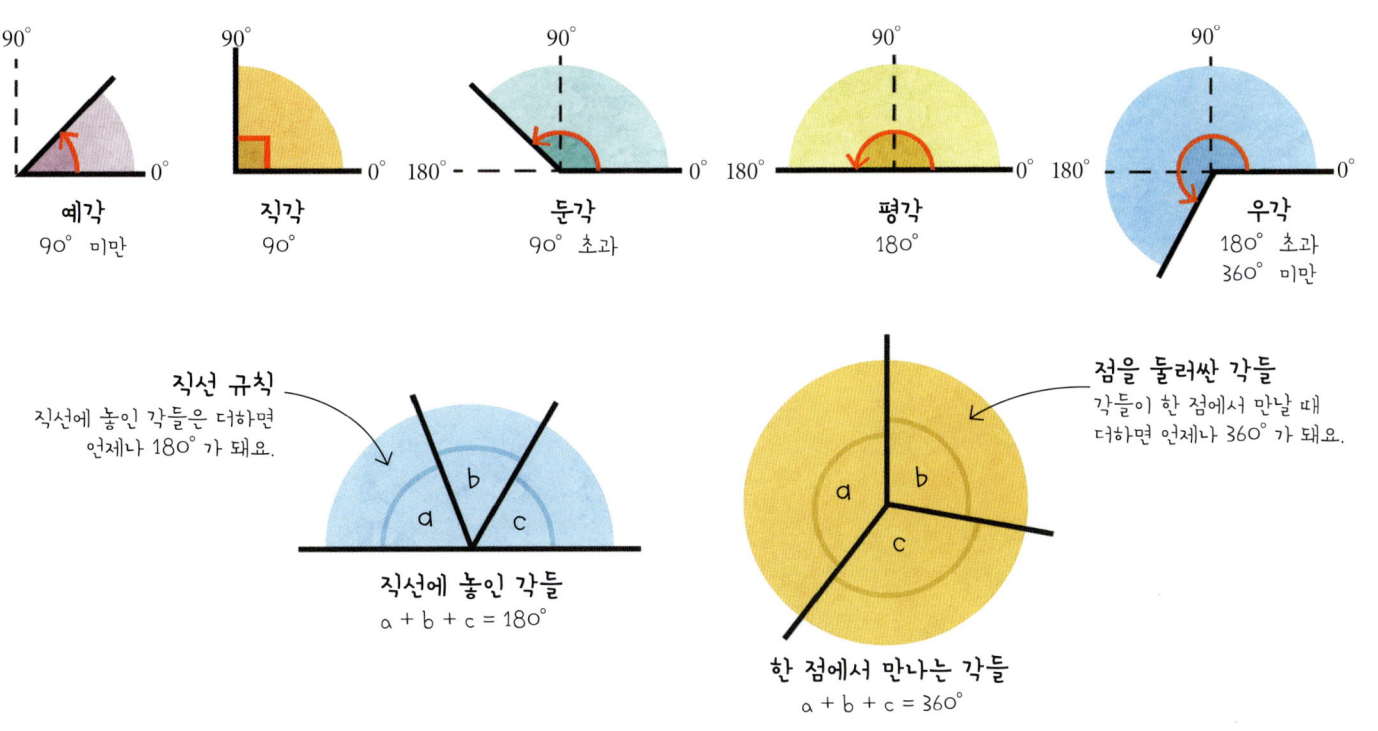

측정 단위

측정 단위

표준 측정 단위를 쓰면 대상들끼리 정확히 비교하는 데 유용해요. 두 측정법이 가장 널리 쓰여요. 미터법과 야드파운드법이에요.

길이

미터법

10밀리미터(mm)	=	1센티미터(cm)
100센티미터(cm)	=	1미터(m)
1,000밀리미터(mm)	=	1미터(m)
1,000미터(m)	=	1킬로미터(km)

야드파운드법

12인치(in)	=	1피트(ft)
3피트(ft)	=	1야드(yd)
1,760야드(yd)	=	1마일
5,280피트(ft)	=	1마일
8펄롱	=	1마일

면적

미터법

100제곱미터(mm²)	=	1제곱센티미터(cm²)
10,000제곱센티미터(cm²)	=	1제곱미터(m²)
10,000제곱미터(m²)	=	1헥타르(ha)
100헥타르(ha)	=	1제곱킬로미터(km²)
1제곱킬로미터(km²)	=	1,000,000제곱미터(m²)

야드파운드법

144제곱인치(sq in)	=	1제곱피트(sq ft)
9제곱피트(sq ft)	=	1제곱야드(sq yd)
1,296제곱인치(sq in)	=	1제곱야드(sq yd)
43,560제곱피트(sq ft)	=	1에이커
640에이커	=	1제곱마일(sq mile)

질량

미터법

1,000밀리그램(mg)	=	1그램(g)
1,000그램(g)	=	1킬로그램(kg)
1,000킬로그램(kg)	=	1톤(t)

야드파운드법

16온스(oz)	=	1파운드(lb)
14파운드(lb)	=	1스톤(st)
112파운드(lb)	=	1헌드레드웨이트(cwt)
20헌드레드웨이트(cwt)	=	1톤

시간

미터법과 야드파운드법

60초	=	1분
60분	=	1시간
24시간	=	1일
7일	=	일주일
52주	=	1년
1년	=	12개월

온도

		화씨 온도	섭씨 온도	켈빈 온도
물의 끓는점	=	212°	100°	373
물의 어는점	=	32°	0°	273
절대영도	=	−459°	−273°	0

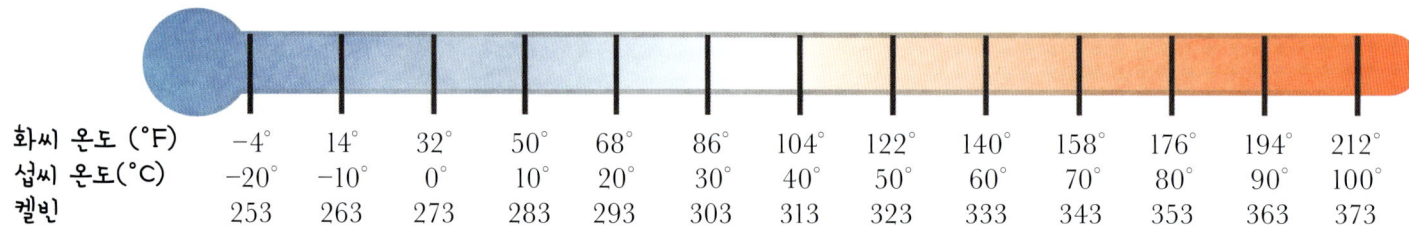

화씨 온도 (°F)	−4°	14°	32°	50°	68°	86°	104°	122°	140°	158°	176°	194°	212°
섭씨 온도(°C)	−20°	−10°	0°	10°	20°	30°	40°	50°	60°	70°	80°	90°	100°
켈빈	253	263	273	283	293	303	313	323	333	343	353	363	373

환산표

아래 표는 미터법과 야드파운드법의 척도들을 바꾸는 방법이에요.

길이

미터법		야드파운드법
1밀리미터(mm)	=	0.03937인치(in)
1센티미터(cm)	=	0.3937인치(in)
1미터(m)	=	1.0936야드(yd)
1킬로미터(km)	=	0.6214마일

야드파운드법		미터법
1인치(in)	=	2.54센티미터(cm)
1피트(ft)	=	0.3048미터(m)
1야드(yd)	=	0.9144미터(m)
1마일	=	1.6093킬로미터(km)
1해리	=	1.853킬로미터(km)

면적

미터법		야드파운드법
1제곱센티미터(cm^2)	=	0.155제곱인치(sq in)
1제곱미터(m^2)	=	1.196제곱야드(sq yd)
1헥타르(ha)	=	2.4711에이커
1제곱킬로미터(km^2)	=	0.3861제곱마일

야드파운드법		미터법
1제곱인치(sq in)	=	6.4516제곱센티미터(cm^2)
1제곱피트(sq ft)	=	0.0929제곱미터(m^2)
1제곱야드(sq yd)	=	0.8361제곱미터(m^2)
1에이커	=	0.4047헥타르(ha)
1제곱마일	=	2.59제곱킬로미터(km^2)

질량

미터법		야드파운드법
1밀리그램(mg)	=	0.0154그레인
1그램(g)	=	0.0353온스(oz)
1킬로그램(kg)	=	2.2046파운드(lb)
1톤(미터톤, t)	=	0.9842영국 톤

야드파운드법		미터법
1온스(oz)	=	28.35그램(g)
1파운드(lb)	=	0.4536킬로그램(kg)
1스톤	=	6.3503킬로그램(kg)
1헌드레드웨이트(cwt)	=	50.802킬로그램(kg)
1영국 톤	=	1.016톤(미터톤, t)

수학 기호들

수학은 다양한 기호를 써서 연산이나 값을 나타내요. 다음은 가장 흔히 쓰는 것들이에요.

기호	의미
$=$	같다
$<$	보다 작다
$>$	보다 크다
$\approx$	거의 같다
$+$	더하다
$-$	빼다
$\times$	곱하다
$\div$	나누다
$\sqrt{}$	제곱근
$\%$	퍼센트
π	파이
∞	무한

용어 설명

ㄱ

가분수 ⁵⁄₂처럼 1보다 큰 분수. 즉 분자가 분모보다 큰 수.

각(각도) 꼭짓점에서 만나는 두 직선이 벌어진 정도. 각의 단위는 도(°)다.

각도기 각도를 그리거나 재는 데 쓰는 도구.

값 어떤 수나 대상의 양이나 크기.

거듭제곱 같은 수를 여러 번 곱하는 것.

격자 수직과 수평으로 선들이 교차하면서 만들어 낸, 동일 크기의 정사각형 칸들이 모여 있는 형태.

공식 대상들 사이의 관계를 보여 주는 규칙을 대개 숫자 대신 기호를 써서 나타낸 식.

교차 선이 만나거나 엇갈리는 것.

기하학 도형, 선, 각, 공간을 연구하는 수학 분야.

꼭짓점 도형의 모난 구석.

ㄷ

단면 입체로 된 무언가를 잘랐을 때 드러나는 면.

단위 무언가를 잴 때 쓰는 표준 잣대. 미터는 길이의 단위이고 그램은 질량의 단위다.

단위 분수 ⅕처럼 분자가 1인 분수.

대분수 3½처럼 정수와 분수로 이루어진 수.

대수(대수학) 모르는 숫자를 문자 같은 기호로 나타내어 계산하고 연구하는 학문.

대칭선 평면 도형을 거울에 비춘 것처럼 절반으로 똑같이 나누는 선.

데이터 측정값의 집합처럼 분석하기 위해서 모은 정보나 사실.

도 각을 재는 데 쓰는 단위. (°) 기호를 쓴다.

둘레 도형의 가장자리 전체 길이.

등식 무언가가 다른 무언가와 같다고 말하는 식. 6+2=10−2은 등식이다.

ㅁ

막대 그래프 막대의 크기로 데이터를 보여 주는 다이어그램.

면적 평면 도형의 내부 크기. 면적은 제곱미터처럼 단위 넓이로 잰다.

몫 한 수를 다른 수로 나눌 때 얻는 값.

미터법 십진법을 토대로 길이나 무게 같은 것을 재는 방식. 야드미터법에 비해 계산하기가 훨씬 쉽다.

ㅂ

반올림 계산하기 쉽게 한 수를 우수리가 없는 어림수로 바꾸는 것. 4 이하의 수는 버리고 5 이상의 수는 윗자리에 1을 더한다. 반올림하면 2.1은 2가 되고,  1,950은 2,000이 된다.

반지름 원의 중심에서 둘레까지 뻗은 직선.

배수 두 수를 곱할 때 얻는 수. 8은 4와 2의 배수다.

배열 대상이나 수를 일정한 간격이나 차례로 줄 세우는 것.

백분율 100으로 나눈 값을 기호 %를 써서 나타내는 방식. 30%는 ³⁄₁₀₀이다.

범위 가장 낮은 값부터 가장 높은 값까지 데이터 집합의 값들이 놓여 있는 구간.

변수 모르는 숫자나 양. 대수학에서는 대개 문자나 기호로 변수를 나타낸다.

변환 도형이나 대상의 크기나 위치를 바꾸는 것. 변환은 대칭, 회전, 이동의 세 가지가 있다.

부분집합 더 큰 집합의 일부.

부피 입자로 이루어진 대상의 크기. 세제곱미터(m³)처럼 세제곱 단위로 잰다.

분모 분수의 가로선 밑에 있는 수. 예를 들어, ½에서 2.

분수 어떤 수를 0이 아닌 수로 나눈 몫을 ᵃ⁄ᵦ로 표시한 것. 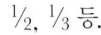 ½, ⅓ 등.

분자 분수의 가로선 위쪽에 있는 수. ½에서 1.

비 두 수의 크기를 비교하는 방법 중 하나. 두 수 사이에 쌍점으로 표시한다.

ㅅ

삼차원(3D) 길이, 폭, 깊이가 있는 것. 구나 정육면체 같은 입체는 모두 삼차원이다.

세제곱수 같은 수를 세 번 곱해서 나오는 수. 3×3×3=27이므로 27은 3의 세제곱수다.

선 그래프 각 데이터를 점으로 나타낸 다음 점들을 직선으로 연결함. 시간이 흐르면서 데이터가 어떻게 변화하는지 보여 줄 때 유용하다.

소수 ① 1의 자리보다 더 작은 자릿값을 지닌 수. 2.4, 0.4 등. ② 1과 자기 자신으로만 나누어지는 자연수. 2, 3, 5 등.

소수점 4.5처럼 숫자를 정수 부분과 소수 부분으로 나누는 점.

수열 일정한 규칙에 따라 차례로 이어지는 수 집합.

수직 한 직선이 다른 직선과 직각으로 놓일 때, 수직이라고 한다.

수직선 ① 정수나 분수, 소수를 일정한 간격으로 표시한 직선. 수직선은 셈이나 계산을 할 때 쓰인다. ② 그래프에서 수직으로 그은 선. 세로축도 수직선이다.

숫자 수를 적는 데 쓰는 기호. 우리 수 체계에서는 0, 1, 2, 3, 4, 5, 6, 7, 8, 9라는 숫자를 쓴다.

십진법 숫자 10을 기준으로 삼는 수 체계. 0, 1, 2, 3, 4, 5, 6, 7, 8, 9까지의 숫자를 쓴다.

ㅇ

야드파운드법 피트와 인치, 갤런과 핀트 같은 측정 단위를 쓰는 방식. 영국과 미국의 일상생활에 쓰이지만, 현재 과학자들과 수학자들은 미터법을 쓴다.

약분 분수 같은 것을 계산하기 쉽게 가장 단순한 형태로 바꾸는 것. $^6/_9$을 약분하면 $^2/_3$가 된다.

약수 어떤 수를 나누어 떨어지게 하는 수. 3은 9의 약수다.

양수 25처럼 0보다 큰 수. 분수와 소수도 양수가 될 수 있다.

연산 덧셈, 뺄셈, 나눗셈, 곱셈처럼 수를 가지고 할 수 있는 계산.

원 그래프 파이를 자른 것처럼 보이도록 원을 여러 크기로 조각내어 데이터를 보여 주는 다이어그램.

음수 −2처럼 0보다 작은 수. 소수도 음수일 수 있다.

이차원(2D) 길이와 폭, 또는 길이와 높이를 지니지만, 두께는 없는 것. 삼각형 등 모든 다각형은 이차원이다.

인도-아라비아 0−9의 숫자를 쓰는 우리 수 체계의 이름. 2천여 년 전에 인도인이 발명했다.

ㅈ

자릿값 체계 수를 이루는 숫자들의 자리에 따라 값이 달라지는 표기법. 3은 130에서는 값이 30이지만, 310에서는 300이다.

전개도 접어서 입체 도형을 만들 수 있는 평면 도형.

전체 집합 모든 데이터와 부분 집합을 포함한 가장 큰 집합.

정수 분수가 아닌 수. 0, 15, 235는 모두 정수다.

제곱수 같은 수를 두 번 곱해서 나온 수. 5×5=25이므로, 25는 5의 제곱수다.

좌표 그래프, 격자, 지도의 어느 한 점을 기술하는 수나 수의 짝.

중앙값 데이터 집합의 값들을 가장 큰 것부터 가장 작은 것까지 늘어놓았을 때 가운데 놓이는 평균.

진분수 $^2/_3$처럼 분자가 분모보다 작은 분수.

집합 단어, 숫자, 도형 등 공통점이 있는 것들의 모임.

ㅊ

최빈값 평균 중 하나. 데이터 집합에서 가장 자주 나오는 값이다.

ㅋ

켈빈 온도 열이 물질들 사이를 어떻게 이동하는지 밝혀 낸 영국의 과학자 켈빈이 만든 온도 단위.

코끼리땃쥐 긴 주둥이를 가진, 설치류처럼 생긴 작은 포유류. 셍기라고도 한다.

ㅍ

파스칼 수학과 과학 분야에서 많은 발견을 한 프랑스의 천재적인 인물. 블레즈 파스칼은 1661년에 세계 최초로 버스 운행 방식을 마차 사업에 도입하기도 했다.

평균 어떤 수 집합이나 데이터 집합의 중간값. 평균은 평균값, 중앙값, 최빈값의 세 가지가 있다.

평균값 데이터 집합의 모든 값을 더한 뒤 값의 개수로 나누어서 나오는 평균.

피보나치 레오나르도 피보나치는 피보나치수열을 만들었을 뿐 아니라, 오늘날 쓰이는 인도-아라비아 수 체계를 사용한 최초의 유럽인이다.

피타고라스 고대 그리스 사상가. 삼각형 정리를 내놓았다. 또 지구가 둥글다는 것을 처음으로 밝혀내기도 했다.

ㅎ

호 원둘레 위의 두 점 사이의 굽은 선.

화씨 온도 1714년 수은 온도계를 발명한 과학자 가브리엘 파렌하이트의 이름을 딴 온도 단위.

확률 무언가가 일어날 가능성이 얼마나 되는지 측정한 것.

회전 시계 바늘이 움직이는 것처럼 고정된 점을 중심으로 도는 것.

x, y

X축 지도, 격자, 그래프에서 점의 위치를 잴 때 쓰는 수평선.

Y축 지도, 격자, 그래프에서 점의 위치를 잴 때 쓰는 수직선.

찾아보기

ㄱ
가분수 46
각 76-77, 151
  각의 종류 78-79
  나침반 방위 88
  삼각법 100-101
각기둥 111, 112-113
각도기 78
각뿔 111
거듭제곱 65
거리 100, 125
거울상 80, 81
격자 26, 84-85
  곱셈 146-147
곡선 95
곱셈 36-37, 146-147
  제곱수와 세제곱수 62, 64
  확대 54-55
곱셈표 146-147
공식 125
구 108
그래프 136-137
그램 126
기하학 150-151
기호 12-13, 153
  곱셈(×) 36
  나눗셈(÷) 39
  대수 42
  대칭 80-81
  덧셈(+) 31
  도(°) 77, 88
  등호(=) 25, 42
  무한(∞) 20
  보다 작다(<) 25
  보다 크다(>) 25
  비(:) 52, 87

  뺄셈(−) 33
  세제곱수(^{3}) 64
  소수점(.) 48
  암호 72
  제곱수(^{2}) 62
  퍼센트(%) 50
길이 118-119, 152
깊이 118
꼭짓점 78, 109

ㄴ
나눗셈 38-39, 40
  분수 44-45
  소수 61
  약분 53
  평균 141
나머지 39
나침반 88-89
높이 100-101, 118-119
뉴턴(N) 126

ㄷ
다각형 96-97
  사각형 104
  삼각형 98
다면체 109, 112-113
단위 분수 44
대각선 95
대수 42
덧셈 19, 30-31
숫자쌍 34
데이터 134-135, 136-137
도
  각 77

나침반 방위 88
온도 130
도형
  다면체 112-113
  사각형 104-105
  원 106-107, 151
  입체 도형 108-109, 150
  평면 도형 96-97, 150
동치 분수 46
둔각 79
둘레 106, 119
등식 42-43
등호(=) 25, 42
디지털시계 129

ㄹ
로마 수 체계 13

ㅁ
마름모 104
마방진 69
막대 그래프 137
면 109
면적 120-121, 152
무게 126-127
무한 20-21
묶기 10-11
  곱셈 36-37
  나눗셈 38-39
  벤 다이어그램 138-139
묶어 세기 10-11
미로 90-91
밀리그램 126

ㅂ
반구 108
반사 82-83
반사 대칭 80, 81
반올림 28-29
반원 107
반지름 106
방위 88
방향 88-89
배율 37, 54
백분율 50-51, 149
범위 140
벤 다이어그램 138-139
변 96, 98
변환 82-83
보다 작다(<) 25
보다 크다(>) 25
부등변 다각형 97
부등변 사각형 105
부등변 삼각형 99
부피 122-123
분 128
분모 45, 46
분수 44-45, 148-149
  분수 종류 46-47
  확률 142
분자 45, 46
불가능한 모양 114-115
비 52-53, 87
비대칭 80
비율 53
  백분율 50
  확대와 축소 54-55
뺄셈 19, 32-33
  숫자쌍 34

ㅅ

사각형 96, 97, 104-105
사다리꼴 105
삼각기둥 112
삼각진 68-69
삼각형 97, 98-99
  높이 재기 100-101
  삼각기둥 112
  삼각법 100
  삼각진 68-69
  파스칼 삼각형 70-71
  피타고라스 정리 102-103
선 94-95
  대칭선 80-81
  선 그래프 137
섭씨 온도 130
소수(小數) 48-49, 149
소수(素數) 40, 60-61
소인수 40
속도 124-125

수 비교 24-25, 136
  백분율 50
  비 52
수 세기 8-9, 10-11
  덧셈 30-31
  뺄셈 32-33
  양수와 음수 18-19
수식 42
수열 58-59
  파스칼 삼각형 70-71
  피보나치수열 66-67
수직선(數直線) 19
숫자쌍 34-35
시 128
시간 128-129, 152
  속도 측정 125
시계 128-129
십각형 96, 97
십진법 8, 14
반올림 29

숫자쌍 34-35

ㅇ

암호 72-73
약분 53
양수 18-19
어는점 131
어림셈 26
연결망 91
영(0) 15, 16-17, 18
  온도계 131
  이진수 72
예각 78
오각형 96, 97
온도 130-131, 152
온도계 130-131
우각 79
원 106-107, 151
원 그래프 136

원기둥 108, 111
원둘레 106
육각형 96, 97
음수 18-19, 131
이등변 삼각형 99
이진 부호 72
인수 40-41
입체 도형 108-109, 150
  다면체 112-113
  전개도 110-111

ㅈ

자릿값 14-15, 17, 49
전개도 110-111
전체 집합 139
정다각형 96
정다면체 112-113
정보 134
정사각뿔 108, 111

정수 44, 48

정육면체 108, 113
  세제곱수 64-65, 122-123
  전개도 110-111

제곱 63

제곱근 63

제곱수 62-63, 146

좌표 84-85

주사위 142

중앙값 141

지도 84-85
  축척 86-87

지름 107

지수 65

직각 76-77, 79

직각기둥 112

직각삼각형 98

직사각형 104

직산 9

직육면체 108, 111

진분수 46

질량 126-127, 152

집합 138, 140

쪽매맞춤 83

ㅊ

착시 114-115

초 128

최빈값 140

축 84-85, 137

축척 86-87

측정 152-153
  길이 118-119
  높이 100-101
  면적 120-121
  무게와 질량 126-127
  부피 122-123
  속도 124-125
  시간 128-129
  온도 130-131

측정 단위 152-153

ㅋ

카이사르 암호 72

켈빈 온도 131

킬로그램 127

ㅌ

타원 107

톤 127

통계학 134

ㅍ

파스칼 삼각형 70-71

파이(π) 107

팔각기둥 112

팔각형 96, 97

패턴 58-59, 71, 83

평균 140-141

평균값 140-141

평면 도형 96-97, 150
  사각형 104-105
  삼각형 98-99
  원 106-107
  전개도 110

평행사변형 104

평행선 94, 95

평행이동 82

폭 118, 119, 121

피보나치수열 66-67, 71

피타고라스 정리 102-103

ㅎ

호 78

화씨 온도 130

확대 54

확대와 축소 37, 54-55

확률 142-143

환산표 153

회전 83

회전 대칭 81

x, y

x축(가로축) 84-85, 137

y축(세로축) 84-85, 137

정답

p.53
수영장 물감의 ¾은 빨간색.

p.58
매머드 셔츠 서열의 다음 5개 항은 12, 14, 16, 18, 20.

코끼리땃쥐 셔츠 서열의 다음 항은 2 (규칙은 '3을 뺀 것이 다음 항'이다).

p.62
매머드가 도장을 다 찍으면 파란 정사각형은 25개가 된다. 5^2.

p.68

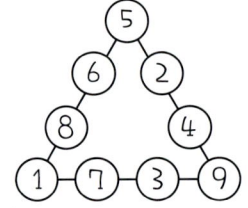

p.70
가로줄의 합은 모두 2의 거듭제곱이다: 1×2=2, 2×2=4, 2×4=8, 2×16=32, 2×32=64.

p.90

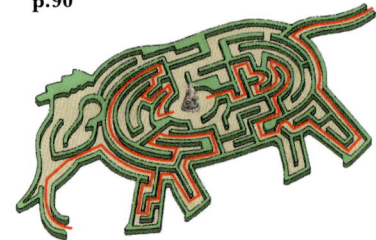

p.109
매머드 모형에는 34개의 불규칙 도형이 있다.

p.111
정육면체의 전개도는 열한 가지다.

p.142
자주색 코끼리땃쥐가 사다리나 미끄럼 통로가 없는 칸으로 옮겨갈 확률은 ³⁄₆이며, ½과 같다.